# 出位

## 如何用**互联网思维**破除瓶颈

营销实战　案例详解　助力中小企业转型发展

孙文武　著

赢在起点，不如赢在拐点。

中央编译出版社
Central Compilation & Translation Press

献给这个时代坚持梦想、不忘初心，敢爱敢恨，活的真实、努力的人们。

互联网让分享成本变为零

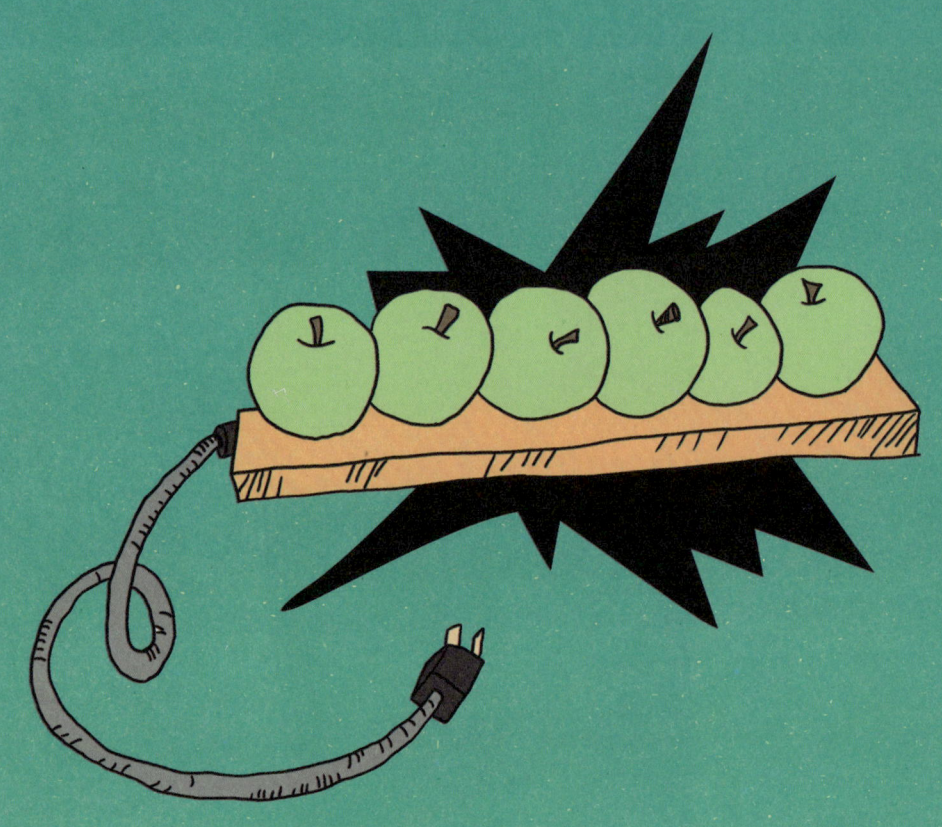

展示广告已死,内容广告为王

**超级品牌体验，就是创造惊喜**

# 序 言

## 走出原来的自己

经常想，假如有一天忽然没有了互联网，我们该如何生活？

互联网发展的历史虽然不长，但是在迅速改变着我们的生活。我们在网上看新闻，和网友聊天，找自己喜欢的电影和电视，在余额宝储蓄和投资，在微信发红包，在微博吐槽，在淘宝京东购物……

我们已经进入到一个全新的互联网时代。互联网创造了人类的数字生活空间，而这个空间目前正在加速与现实生活的不断融合。

互联网不但改变了我们的生活方式，也改变了企业的生存法则。企业过去所习惯的营销传播的框架和方法论不断地被颠覆，而互联网还在高速地发展变化，新的数字营销传播的理论方法仍在不断地探索过程中。

对企业来说，互联网这种破坏式创新、替代式发展，是前所未遇的。

传统的营销传播效果在衰减，而新的方法还不成熟。转型的危机，以及被淘汰出局的恐慌，让互联网焦虑成了企业的时代病。

## 焦虑，是变化的动力

大家都在焦虑，都在纠结，都在苦苦思索和寻觅。

那么，企业如何化解互联网焦虑？

我想，最好的办法就是面对变化，在学习中不断地尝试。

"互联网思维"这个词之所以火爆，原因是大家在接触互联网的过程中，慢慢地明白了，互联网所引发的变化，不是某些局部的环节变了，而是要适应互联网思维的特点，抓住互联网的机会，企业必须进行整体的系统的再造。

注意，是再造，而不是升级。

"互联网思维"这个词首先强调的是改变观念，思想革命；同时更强调的是企业要进行互联网再造，必须在互联网环境重新定位的基础上，洗心革面、苦练内功，放弃更多传统思想、传统经验束缚下的固步自封，来重构一个全新的互联网化企业，完成从猿人到人的进化。

在这场史无前例的风暴中，无论是曾经多么顶级的品牌，还是普通的中小企业，都将站在同一个起跑线上。顺之者昌，逆之者亡。

关键还在于改变观念，适应变化，重新定位，整体再造。

## 出位，走出原来的自己

突破自我，往往总是最艰难的事。

出位，就是要走出原来的自己。

# 序 言
## PREFACE

走出所习惯的思维模式，走出既得的利益分割，走出熟悉的商业模式和文化，走出稳定的管理结构，走出标准化的工业生产方式，在互联网时代，尤其对所有面向消费者的企业而言，都是非常艰巨但又必须完成的工作。

未来，属于那些拥抱互联网思维，敢于重新审视自己的用户、产品、服务、生态结构，以及运营体系的觉醒者；更属于那些顿悟互联网思维，不杞人忧天，不投机取巧，不痴迷于所谓的孤独九剑、降龙十八掌等招数，回归常识，以及深刻洞察商业本质的出位者。

在互联网面前，有益的创新和探索都值得鼓励，片面的质疑和拒绝都是不明智的。所有持续发展和得以出位的企业，都在不断拥抱时代的变化，都在不断地觉醒、变革与转型。

有觉醒，才会有突破；有突破，才得以出位。

## 不出位，就出局

站在原地，还是出位？当英雄，还是做烈士？

一句话，不出位，就出局。

这不是骇人听闻，而是顺势而为。走出原来的小我，走向自我价值实现的大我；走出企业原有的局限，走向更好更强的明天。

本书汇集了关于互联网化转型的前沿思想和观点，用大量的案例和故事，把互联网思维的本质聊得通俗易懂，并通过系统的描述，让读者知道操作的步骤和程序，这是一本可读性很强的书。

出位，对不同企业而言，不可能有共同的模式。企业要学习关于互联网思维的本质，以及用互联网思维破除发展的瓶颈，更要根据每个企业的特点，扬长避短，确定好自己的定位和策略。

# 出位
#### 如何用互联网思维破除瓶颈

因此，如何出位，从哪里入手，这是所有企业在互联网转型发展中不得不面对的一次大考。而要通过这次大考，掌握到核心的理念，落地到具体的应用与操作，本书是值得一读再读的参考工具书。

北京大学新闻与传播学院副院长、教授　陈　刚

# 代 序

## 一本有趣的实操宝典

  生理、安全、社交、尊重、自我实现……马斯洛的需求层次论还在各种教科书上大行其道,现在却有人戏称现代人最基本的需求应该是"Wifi满格",笑谈之余也让我们认识到网络之于现代人生活的重要性。Twitter创始人伊万·威廉姆斯曾说,从本质上讲,互联网"是一台满足人们需求的庞大机器"。在当下,品牌管理与营销借助互联网思维势在必行!

  互联网之于传统营销,是挑战也是机遇。如何善用互联网思维,创新思变,为营销方式插上有力的翅膀,在新的市场浪潮中抢占先机,更上一层,是所有与市场营销工作相关的人员所必须认真学习的一门新课程。

  市面上有关互联网的书籍,大多有观点,无原因分析,亦没有提出行之有效的解决方案。作者结合营销和品牌管理,并从案例故事中给我们娓娓道来如

# 出位
## 如何用互联网思维破除瓶颈

何用互联网思维破除瓶颈。作者是我认识的一位极具市场洞察力的资深营销人，10余年坚持处在营销和咨询的第一线，汲取了多年来服务企业的实战与经验总结形成此书，以营销和品牌管理的角度来讲互联网，从互联网思维如何改变传播、改变营销模式、改变产品开发几个方面来阐述，试图为企业营销从业者们提出解决方案。

如果说在学校的理论学习只是打基础的话，那么进入职场工作就要为企业客户提供切实可行的解决方案，才能获得职场认可，基于本书内容对互联网营销具有较强的实践指导意义，所以个人觉得本书也是大专院校营销相关专业的学生们认识与了解互联网营销及实操的学习宝典。

对企业中高层管理人员而言，本书针对如何运用互联网思维，打造超级品牌体验指明了方向。在互联网时代，人人都可以是传播者的今天，如何做才能抓住网络用户的心理，颠覆传统传播模式，获得最佳传播效果，具有重要的借鉴意义。

对企业营销的从业者而言，可从本书不同案例的分析与解决方案中获取营销灵感，创新商业模式，运用互联网思维，积极应对互联网对传统营销的巨大冲击，走出传统营销困局。想借助互联网创业的朋友们，亦可从本书中学习了解和运用互联网时代人们的心理与诉求，开发新的需求，并能有效降低运营成本，取得有效的品牌运营成果。

值得一提的是，作者发挥资深广告人的特长，以幽默有趣、通俗易懂的语言，打破纯理论的单调文字阐述，给人以更为新鲜的阅读体验，让营销书不再无趣难啃。出位，我想，也是互联网时代下的营销价值体现。

联邦家私集团董事、市场总经理　姜 坤

# 目录
## CONTENTS

## 第一章　洞悉互联网思维的本质

延续性创新只不过延续了过去的路走,而突破性创新要找到更新的路,互联网时代的转型发展只有二个结果,要么出位,要么被出局。

从一个案例开始 /3

互联网思维革了传统商业的命 /6

互联网思维的本质——极致的"突破性创新" /7

两个再造西游记的"新经典" /14

## 第二章　激发强悍的变现能力

这一代的消费需求可以表达为:"我要购买那些能够给我带来个性化生活的东西;那些能够让我创造自己、了解自己,成为自己的东西。"

把脉患上互联网焦虑症的高管们 /21

互联网改变了营销的一切 /24

一切的营销法则好像都失效了 /28

两个被预测的败局 /31

## 第三章　打造超级盈利的利器

在与消费者体验的每一个环节都给他惊喜，本身就是一种传播，把体验当成对用户的 N 次传播，能把信赖降为负值。

超级品牌体验，就是创造惊喜 /37

导向归纳 /43

社群分类 /46

社群平台研究 /49

品牌好像没那么重要了 /57

## 第四章　我们掏的是谁的口袋

打个比方，如打扑克，我们要什么牌没有办法控制，但能不能赢就要看你能不有把手中的牌组合到最佳，包括出牌的策略，以及对对手的判断。

魔力标签——不同意定位的观点 /60

寻找魔力标签的四种路径 /63

信赖成本——因为一个人，爱上一座城 /70

宗教式品牌的建造——不要从跪拜到拜拜，要从崇拜到膜拜 /77

粉丝营销——造梦、追梦、圆梦三步曲 /82

品牌架构与资产的六个观点 /88

## 第五章　开启业绩倍增模式

"成功是失败之母"好比水无常形。水流的每一次破险成功和一路向前，都不是简单的经验重复，如何规避营销思维定势？如何打胜仗？

分享成本——互联网让分享成本变成零 /99

# 目录
## CONTENTS

震荡波传播——广告不再是为了传达，而是为了传播 /102

三点式营销——疑点、爆点、G点，三观尽毁 /106

我是拜金女，我就爱金砖 /109

媒介投放突破——100万的预算，1000万的投放效果 /113

傍大款——小三的逆袭 /118

明星变名品——怎样消费明星？ /119

媒体的创意策略——影响有影响力的人 /123

危机公关，你准备好了没有？ /129

比附策略——世界上没有真相，只有认知 /131

## 第六章　降低成本赚更高的利润

互联网思维效应，把创业成本降低了，使得更多的中小企业有机会脱颖而出。当企业越做越大，就不能一味的只获取更高利润，而是降低成本。

让广告变得不像"广告" /139

展示广告已死，内容广告为王 /140

互联网的符号营销 /143

搜索，颠覆了品牌命名方式 /158

怎样为洋品牌取中文名 /174

检验好名字的标准 /177

## 第七章　用新品类开辟新增长点

磨刀不误砍柴工，多洞察客户的消费与需求，即使产品可以复制，价格可以更低，营销方式可以雷同，但对手永远追不上你创新的脚步。

还是从一个案例开始 /183

不要考虑你有什么，而是考虑用户需要什么？ /184
产品即品类，品类即品牌 /186
一流品牌创造需求，二流品牌满足需求 /187
单牌单品模式 /191
需求无处不在，需要用"心"洞察 /191
开创新品类，创造新市场 /193
互联网思维产品开发的脑轻松模式 /194
从个人定做到个性订制 /196
用户的"适"用价值细分 /197
让用户更懒更依赖 /199
定价不是成本＋利润，而是消费群能接受什么样的价格 /200
品牌延伸，要大胆跨界 /202
主动越界——因为干掉你的，往往不再是同行 /205

## 第八章  让您躺着就把钱给挣了

> 商业竞争是残酷的，消费者有太多的诱惑，他们的背叛是没有成本的。从来不要奢望有人会永远爱你，他们爱的是你耀眼的光环，而不是你。

去中心化管理——每个完美团队背后，肯定有个不完美老板 /211
干掉经销商——转化为利益共同体 /215
砸掉仓库——你不砸掉仓库，对手就要砸掉你 /216
有没有一种牛B的方式，让用户先付钱，再消费？ /216
小丑理论——宁愿演小丑，也不要当观众 /220
创新性商业模式——你不革自己的命，市场就要革你的命 /225
免费，不是让你占便宜，而是为了占你便宜 /228
服务的价值在于增值，而不是解决问题 /232

# 第一章

# 洞悉互联网思维的本质

传统企业在遇到发展或营销难题时,往往会从产品、渠道、营销等几个方面来找原因。运用互联网思维在给企业或品牌作诊断时,可以从商业模式、企业管理架构方向去找原因,现有的商业模式是不是可持续?对手发动价格战对我们而言是否有还手之力?

互联网思维的本质——极致的"突破性创新"

# 第一章

## 洞悉互联网思维的本质

# 从一个案例开始

2020 年的一天。

刚刚拿到驾照的小美，要为自己选人生中的第一辆车。

小美的买车预算在 30 万左右，老爸为她推荐了好几辆车，小美都不是很满意。作为 00 后的新鲜人类，小美有着自己的鲜明消费个性，她不愿意和老一辈的人开着同一品牌的车。

这段时间，小美天天泡在专业汽车论坛上，向大侠们请教关于各个汽车品牌的性能，翻看网友们对各个品牌的评价。

以前对汽车一窍不通的小美，渐渐对各个汽车品牌有了详细的了解，她看中了特斯拉的电动车，她觉得特斯拉的外形特别好看，并且驾驶台内置了超酷的触屏电脑，可以让她这样的小白用户不需要动脑就能轻松驾驶。

小美登录特斯拉网站首页，惊喜地发现特斯拉将整车分成了几个标准的模块，用户可以根据自己的喜好进行选配和个性订制，这让小美很受用。小美乐此不倦地在网页上拖动 3D 汽车组件自由组合，最后按照自己的喜好选配了热情

# 出位

## 如何用互联网思维破除瓶颈

的红色、适合自己的智能发动机、卡通卡哇伊风格的座椅、粉红色的轮胎。

三天后，特斯拉的工作人员邀请小美去试驾。小美在特斯拉的体验厅看到了自己配置的那台特斯拉，简直太酷了，整车一切按照自己的想法来呈现的。在工作人员的陪同下，小美试驾了好几圈，对方向盘和换档的手柄不是很满意。工作人员根据小美的反馈意见，马上用3D软件将方向盘和换挡手柄生成了好几个方案，现场3D打印机打印出来，让小美试试感觉。

两天后，小美取到了自己的车，成为特斯拉的用户。

小美花了25万人民币，将一辆超酷科技范、代表自己个性的特斯拉智能电动车开回了家。而特斯拉花在这辆车上的硬件成本也达到了25万。

但是特斯拉好像并不介意自己没赚到钱，在后续对小美的售后服务中依然热情洋溢，尽心尽力。

原来，在小美驾驶的特斯拉中控智能电脑上，安装了大量的第三方应用软件，那些软件商为特斯拉提供了一笔不小的报酬。还有后续的保养，小美只能选择在特斯拉体验店，那也是一笔不菲的费用。

特斯拉并不吃亏，小美也非常开心，那些软件商好像也很满意。

这就是互联网思维。

特斯拉卖车的一系列过程，就是典型的互联网思维。

我们先不急着理解互联网思维，看看大家对互联网思维怎么理解。

@雷军：互联网思维就是"专注、极致、口碑、快"七字诀：核心是口碑，把用户当朋友，不要把用户当上帝；怎么做口碑？靠的是专注，只做一款产品，每一款产品上下的功夫比别人大；专注还不够，还要做到极致，不给自己留退路，全力以赴。极致就是把自己逼疯，把别人逼死。

@马化腾："马七条"——马化腾谈互联网未来的7个观点：1.连接一切；2."互联网＋传统行业"＝创新；3.开放式协作；4.消费者参与决策；5.数据成为资源；6.顺应潮流的勇气；7.连接有风险。

# 第一章
## 洞悉互联网思维的本质

@周鸿祎：今天越来越多的传统行业正在受到互联网的冲击，众多企业面临着互联网的挑战，希望更好地理解互联网。于是，互联网思维这个词不胫而走，也越来越热，但我很担心互联网思维最后变成了"包治百病"的万能药。其实，面对互联网的飞速发展，我们都还是在它的海边玩耍的小孩子，即使有互联网思维，那也是海边的几个小浪花。我理解的互联网思维是：第一，用户至上；第二，体验为王；第三，免费的商业模式；第四，颠覆式创新。

@中大咨询：最近"互联网思维"是一个很热的词，所谓互联网思维，是相对于传统思想的，更创新地重组工作要素、更关注用户体验、让用户成为中心。

@速购商务：这几天看书并思考"互联网思维"，今天晚上和员工一起分享了自己的一些观点、感慨：没有传统企业和互联网企业，只有思维是先进，还是落后；是适应时代变化还是墨守成规，组织流程和结构及企业文化是否适应形势变化。这是系统工程，值得每个团队成员深思，并且敢于创新、拥抱变化。

以上的这些观点表明，每个人、每个行业对于互联网思维的理解都是不同的。但不可否认的是，互联网改变了我们的生活，互联网思维改变了企业经营的模式。

回到上面特斯拉案例，我们还原小美完整的消费体验过程。

首先，特斯拉并没有投放一分钱的广告，小美从互联网论坛、朋友圈推荐、新闻报道中了解到特斯拉品牌的基础信息。（互联网改变传播）

小美自由组合特斯拉组件，满足了其个性化订制需求。特斯拉建立起柔性供应链，让用户参与产品的开发，最大限度地与用户互动交流沟通。（互联网改变产品开发模式）

特斯拉的体验店供用户体验和办理商务合同，并不向用户提供渠道购车的功能，所以特斯拉并不需要经销商。（互联网改变销售渠道）

小美用不到25万的价格，就买到了一辆硬件成本也需要25万的特斯拉。没赚到钱的特斯拉反而乐滋滋的为小美提供这样那样的增值服务，这在传统营

销时代是不可想象的,特斯拉用持续的服务和其搭建的平台来赚钱,彻底颠覆了传统商业模式。(互联网颠覆商业模式)

运用大数据,特斯拉将售后服务做成了对用户价值的提升,通过对小美的消费轨迹挖掘,积累了消费反馈,为平台推广各种信息提供数据支持。(互联网改变服务的理念)

6年后的2020,相信会有更多的特斯拉出现,它们带来的冲击,无疑是一次管理和商业的革命,颠覆传统的一切。

## 互联网思维革了传统商业的命

互联网思维就是对创新的重新定义:"与众不同、特立独行、做别人做不到的事情,想别人想不到的方法。不仅仅是技术上的,还有商业模式、产品模式以及用户模式都可以创新。"

互联网思维所倡导的创新不仅仅是产品创新、技术创新,更多的还包括商业模式创新、平台模式创新、用户模式创新、盈利模式创新、营销创新、机制体制创新、文化创新和运营模式创新。

传统企业在遇到发展或营销难题时,往往会从产品、渠道、营销等几个方面来找原因。我们运用互联网思维在给企业或品牌作诊断时,可能会从商业模式、企业管理架构方向去找原因,现有的商业模式是不是可持续的,对手发动价格战对我们而言是否有还手之力?企业创新力不够,是不是现有的管理架构严重阻碍了员工创新的动力?

现在的企业和品牌遇到的最大变化就是环境的变化。

企业生产商品的目的变了。以前企业是提供最好的产品和服务,这个产品

# 第一章

## 洞悉互联网思维的本质

是标准化的,产品导向的企业受制于供应链和成本的压力,企业面对的客户是群体;现在的商业目的是为用户提供解决方案,为用户提供个性化需求的解决方案,品牌所面对的用户是个体。

商业价值的逻辑变了。按以往的商业逻辑,我们往往会站在行业的角度来规划产品的趋势和发展。例如格力,一心一意埋头苦干掌握行业核心技术,我要在空调行业引领技术潮流,建立技术壁垒。而互联网思维的商业价值逻辑,威胁不是来自同行,而是来自跨界过来的外行。如果小米一脚踏进来做智能空调,将手机、电视、机顶盒等打造成一个完整的智能物联网生态圈,单单做空调的格力,绝对抵挡不住忠诚的米粉们对小米的狂热。别忘了,小米的低价、超酷的用户体验、各个终端的互联互通,才是小米生态圈的核心武器。

互联网已经改变了音乐、游戏、媒体、零售和金融等行业,未来互联网精神将改变每一个行业,传统企业即使还想不出怎么去结合互联网,但一定要具备互联网思维。

## 互联网思维的本质——极致的"突破性创新"

那么,什么是互联网思维?

> 互联网思维,就是以用户体验为中心,品牌通过用户的参与、互动,实现企业、产品、渠道、传播的价值重构。
>
> 互联网思维的关键是创新,即产品创新、渠道创新、商业模式创新、企业组织架构创新,以极致的"突破性创新"来满足用户全方位的品牌体验需求。

# 出位

## 如何用互联网思维破除瓶颈

### 把用户当傻瓜

一个即将毕业的研究生朋友，告诉我她想买一台工作用的笔记本电脑，当时我就极力推荐她到几家 3C 网站去看看，说了一大堆网上购物是如何的方便、便宜。她问我如何才能购买，我说很简单的，你进了网站就会知道了。

过了两天后，她打来电话告诉我，她不会操作，我惊讶了，因为在我的感觉中，这两家网站用户体验是做得不错的。最后，决定周末一起见面指导她手把手网上购买，接下来的事情让我更惊讶。我在旁边看着她操作，她不懂的地方就问我，先是找不到筛选商品，然后在购买流程、注册上又遇到问题。最后由于打开的新窗口太多，找不到她所需要的那个窗口了，就关闭所有窗口，再重新来过。

这次，花了将近两个小时，才把她所喜欢的笔记本下单成功，我以为这事就已经搞定了。可第二天，她就打来电话，说她还是打算去电脑城买算了，我说为什么呀？她说下单快一天了，还没反应。我要她登录会员中心看一下，是否订单已配送，也许货正在路上。她说会员中心没什么变化，还是原来的那些内容。最终，她在百脑汇买了一台笔记本电脑。

晚上，正碰见她在网上，于是问了她的用户名和密码，进去看看是什么原因。等进入会员中心，查看订单，上面显示货正在路上，预计明天到达。当时我就懵了……

其实我们身边还有很多这样的小白用户，各个网址导航网站的流量为什么那么大，就是这些小白用户在使用，简单方便，不用动脑筋。

早些年我们用五笔和智能拼音输入法，已经觉得很好用很人性化了，后来出来了个搜狗智能拼音法，直接接入互联网云端，简化了用户思考过程，就是将用户当傻瓜的案例。

要评价苹果的成功，我们就做一个特别简单的实验。如果各位有一个 3 岁的孩子或者有一个 70 岁的父母，你给他一个苹果设备，再给他一个传统电脑。3 分钟，哪一个最容易上手使用？最后为什么苹果能颠覆？因为人性一个最基

# 第一章

## 洞悉互联网思维的本质

本的东西：喜欢简单，我们都是最懒的。

互联网思维产品开发的第一条，就是站在用户的角度，先把自己当白痴，白痴都会用了，那些高富帅白富美肯定没问题。

### 把品牌做成平台

当下，互联网上讨论的两个最热的词汇分别是：互联网思维和互联网入口，到底什么叫互联网入口？网上并没有权威的解释，按个人的理解，所谓互联网入口，是指人们在进行上网行为时，最常或较常选择的途径之始，入口决定用户的需求、上网习惯和行为模式。

占领入口就相当于占领用户，这是巨头们抢占入口的最原始动机。事实上，回顾历史，互联网的初兴就伴随着一场关键的"入口之战"，战争的双方是微软和网景，争夺的入口是浏览器，而现在移动互联时代，支付、APP商店、浏览器、输入法等都是入口。

入口就是需求，其后的互联网世界里几乎所有成功的巨头，都是入口占领者，它们通过工具掌握人群，再诱导人群进入各自更有商业价值的入口，比如浏览器、搜索引擎、视频网站等。事实上，这也意味着中国互联网业者在理解入口、创造价值方面来说，领先全世界一筹。

入口好像是移动互联网新贵们玩的概念，传统企业们怎么做入口呢？海尔已经在行动了，张瑞敏把智能家电和日日顺物流作为海尔转型的入口。

互联网都是些虚拟的产品和服务，360可以将它的杀毒服务免费，以此带来客流，而利用其他的如广告、游戏道具、分成等来赚取利润。

但问题来了，如果我是卖服装的，我卖服装不赚钱，那靠什么赚钱去，我又没有其他的服务。又比如我是做白酒的，难道我免费送消费者白酒，那我的企业不用一年就关门大吉了。

# 出位

## 如何用互联网思维破除瓶颈

> 传统制造型企业，未来的发展模式应该往平台方向发展。将品牌打造成平台，将企业打造成平台，然后在企业内部分化成无数个体户，每个个体户为满足目标社群的个性化需求而提供个性或者订制服务。

每个个体户共享品牌资源，共享渠道资源，共享制造资源，共享客户资源。因为在未来，每个用户都不会再需要标准化的产品，都需要个性订制，现在我们企业和品牌所实行的流水线、大架构制的品牌及产品根本满足不了个性消费者的需求。只有将品牌放大，将企业分小，才能实行个性需求的高速运转。

传统的营销思维中，用户装修好了房子，接下来就该挑选家具、窗帘、饰品、墙纸了。按照以往的思路，用户会分别在家具店、窗帘店等不同的店面将这些配齐。

在互联网时代，如果有一家家居体验馆，按照不同的户型，将房间布置成不同的体验风格供用户选择，有田园风的，有欧式大气风范的，有浪漫清新典雅的，用户只要选择其中一种风格，体验店就会帮用户连同家具、灯饰、墙纸、窗帘全部一整套搞定。

用户下单后，家居体验店的后台系统资源就要迅速运转起来，各个小组专业化分工，在规定的时间帮客户做出来并安装好。这在传统的制造型家居企业里是不敢想象的，没有哪一家公司的工厂能把这些家具、窗帘、墙纸全制作搞定。

如果有了每个品类中心化的个体户，大家各自整合自己外部的资源，就能够在规定的时间内分别把家具、墙纸、灯饰、窗帘制作出来，安装并满足用户的需求。

在这个商业模式中，企业的老板拥有家居体验店的品牌，背后的小组们调动各自所擅长的资源，共同满足客户的个性订制需求。

这是一种市场竞争加剧，用户需求个性化的消费趋势下，营销必然要走的

# 第一章
## 洞悉互联网思维的本质

一条路。我们的各个传统企业要做好转型的思想准备,走平台模式,将品牌做大,把工厂做小,是目前看来比较适应互联网用户需求的一个好方法。

韩都衣舍已经在走这种平台模式。与其说韩都衣舍是营销的成功,还不如说它是一种商业模式的成功。韩都衣舍将公司分成若干个小组,每个小组自行设计、生产服装上架,然后通过内部竞争。你这个小组设计的服装卖得好,就奖励;你这个小组的服装卖得不好,就处罚甚至淘汰。这样的做法就是将企业和品牌做成了大家共享的平台,通过内部协调竞争管控整个营销链条。

90后创业者马佳佳在万科交流时说过,未来的年轻人可能根本就不买房,因为他们不想在一个地方被拴住,那房地产还怎么做,都卖不了房了,还靠什么来盈利?

消费习惯已经发生了重大变化,品牌根本无力改变这种潮流,只有改变自己,适应变化。

## 把员工奉为上帝

以小米为例,为了减少上传下达信息衰减,小米在科技公司中率先砍掉了中层,上到老板下到员工,以"天天上头条"的精神,"让员工成为粉丝,让粉丝成为员工"。

如今越来越多的企业,为激发员工创造力、提高效率,都尽可能在减少领导者人数,把企业大部分事务决定权交给所有员工。只有你把员工当上帝,员工才可能把用户当上帝。取悦员工,消灭中层——每个员工都可能当CEO。

@张瑞敏:把每一个人,企业的每个人变成创业者,原来企业的每个人是什么?就是一个执行者。企业是什么?企业就是管控体系。现在的企业应该是什么?现在的企业应该是一个创业的平台。

芒果台的《快乐大本营》,里面有个游戏很受嘉宾们欢迎,叫快乐传真。该游戏规则是只允许第一个人看题板上的文字,并用动作表现出来,不许用嘴

# 出位

## 如何用互联网思维破除瓶颈

说出来这几个字是什么，然后把这些动作一个接一个地传下去，等到最后一个人看完后，上台表演自己看到的动作，并说出那是几个什么字或者要表现的是什么内容。

最后一个嘉宾学到的动作，已经和最初嘉宾表演的动作差了十万八千里。这是为什么，这是因为在传播过程中，信息一次又一次的失真。

在企业管理过程中也是如此，很多政策从高层灌输下去，到了底层员工，已经变成另一种思路和说法了。而从底层员工传递过来的建议，也是如此，甚至根本就没有到达老板的办公桌上。

怎么样避免失真，就是大家在管理上说得非常多的一个词：扁平化管理。让员工发出自己的声音，让员工以主人翁的心态来管理企业。因为员工身处第一线，每天和用户生产打交道，他们最懂用户需求。

有一个空肥皂盒和电风扇的有趣小故事：

国内最大日化公司引进了一条国外肥皂生产线。这条生产线能将肥皂从原材料的加入直到包装、装箱自动完成。

但是，意外发生了，销售部门反映有的肥皂盒是空的。于是，这家公司立刻停止了生产线，并与生产线制造商取得联系。得知这种情况在设计上是无法避免的。

经理要求工程师们解决这个问题。于是成立一个以几名博士为核心、十几名研究生为骨干的团队。知识类型涉及光学、图像识别、自动化控制、机械设计等等门类。

在耗费高额成本后，工程师们在生产线上了一套X光机和高分辨率监视器，当机器对X光图像进行识别后，一条机械臂会自动将空盒从生产线上拿走。

另外一家私人企业也遇到了同样的情况，老板对管理生产线的小工说：你一定要解决这个问题。于是这个小工找来一台大功率电风扇，摆在生产线旁，另一端放上一个箩筐。装肥皂的盒子逐一在风扇前通过，只要有空盒子便会被

# 第一章
## 洞悉互联网思维的本质

吹离生产线，掉在箩筐里，问题解决了。

故事归故事，但要有所启发。

海底捞的成功就是源于对一线服务员权力的下放，服务员可以自行当场决定如何满足用户的需求，不用再层层汇报，等店长的决策下来，顾客估计已经在掀桌子发飙了。

瑞典管理大师卡尔松认为：

"人人都想知道并感觉到他是别人需要的人。"

"人人都希望被作为个体来对待。"

"给予一些人以承担责任的自由，可以释放出隐藏在他们体内的能量。"

"任何不了解情况的人是不能承担责任的；反之，任何了解情况的人是不能回避责任的。"

卡尔松的"倒金字塔"管理模式就是在这样一种思维的指导下产生的。

国内的家电巨头海尔学到了这个理念，将倒金字塔模式运用到企业的管理改革中去。

原来海尔的管理模式是正金字塔模式，即——

最上层：决策者、总经理；

中间层：中层管理者（部门经理，车间主任等）；

最下层：一线工作人员，也叫政策的执行者。

现在的"倒金字塔"架构，即

最上层：一线工作人员（现场决策者）；

中间层：中层管理者；

最下层：总经理、总裁（政策的监督者）。

在新模式的逻辑里，原来的"金字塔"组织被压扁了，变成了倒三角，员工在最上面，最高领导在最下面，一级经营体的员工在市场一线面对客户，满足用户需求，而领导则要求满足各员工及经营体的需求。

# 出位
#### 如何用互联网思维破除瓶颈

@张瑞敏:"倒三角最大的特点是站不住,如果要让它站住就必须不停地转动。在倒金字塔的组织里,员工由市场驱动价值,如果他们能发现好的市场机会,就可以自行组织团队,在公司内部招募成员,甚至可以从组织内部到组织外部,创办一种在线的小微企业,如此一来,每一个员工都可以当CEO。"

比如海尔净水机的负责人,此前有观察到海尔净水产业只是围绕产品转,不了解用户需求,而通过线上线下交互,可以挖掘用户关心的水质话题,洞察用户需求,也可以上门检测水质,根据用户家里的实际水质给出解决方案。

于是,在水交互平台正式上线后,用户流量从原来的2万用户流量变成了10万,实现了5倍速火箭式增长。

现在的海尔,内部孵化了成千上万个小微团队,企业的创新能力增强,对市场的灵敏度大大增加,适应了用户快速反应的要求。

## 两个再造西游记的"新经典"

### 白酒行业的"新型男"

最新白酒类消费数据显示,我国白酒消费人群年龄结构已经发生显著变化,70、80甚至90后已经逐渐成为白酒消费主体,然而充斥荧屏的白酒广告和货架上陈列的各类白酒仍旧在走着雷同的高端成熟路线。

以互联网思维重构白酒商业模式和文化的厚工坊·型男系列产品,就将目标受众锁定在80、90后消费者。其推出的一代、二代产品,均以大胆的创意设计及"语不惊人死不休"的型男理念,成功征服年轻受众市场。2014年其第三代产品——西游型男更是以一天售罄的"奇迹"再次延续型男神话。

# 第一章

## 洞悉互联网思维的本质

**西游话题，勾起全民回忆**

就在 iPhone 推出第 6 代的同时，关于厚工坊即将推出"新一代型男"的传闻也不胫而走。自第一代型男低调问世，第二代型男惊艳亮相意犹未尽的人们开始猜想，"下一代型男"会是谁？

在中国，西游记是数代人共同的童年回忆。没有西游记的童年是不完整的，没有西游记的暑假不是记忆中的暑假。

时间匆匆，曾经不知人间愁滋味的萌娃们都已长大，甚至开始念叨时间都去哪儿了。"这一次，我们提供的不仅仅是一款新酒，更是一种情怀。"厚工坊酒业相关负责人表示。

**金牌设计，重塑西游经典**

第三代型男产品保持了一贯的品质，将西游记元素引入酒瓶和包装设计，邀请国内著名新锐插画设计师手绘创作，历时 2 个多月，3 度易稿，最后定格于"以今天的型男标准重塑西游经典形象"——大胆将长腿 Oba、T 台潮男、雅痞大叔、清新暖男……等这一切专属于这个时代的"型男"特质融合在西游角色当中，创造了"史上最帅西游形象"，既为产品成功加分，也提供了更多话题，为引发全网抢购奠定基础。

**电商通路，延续最佳性价比**

作为白酒传统行业的新锐企业，厚工坊不断充实"互联网思维"，互联网信息交流的特性不断地影响着这个传统行业企业的战略与研发。更直观快速地了解客户评价，更近距离感受用户需求，这是作为一个传统白酒厂家全新的体验。

互联网时代的消费行为包含了服务、概念、体验、反馈等等一些列的东西，而不仅仅是一款拿在手里的产品。同时，电商通路的"短、平、快"特质，也为打造"最具性价比时尚白酒"提供了实践的可能。

作为传统白酒行业拥抱互联网实践的代表，其突破性创新的品牌精神愈发清晰，我们有理由期待传统产业中涌现更多不一样的"新型男"与新突破。

# 出位

如何用互联网思维破除瓶颈

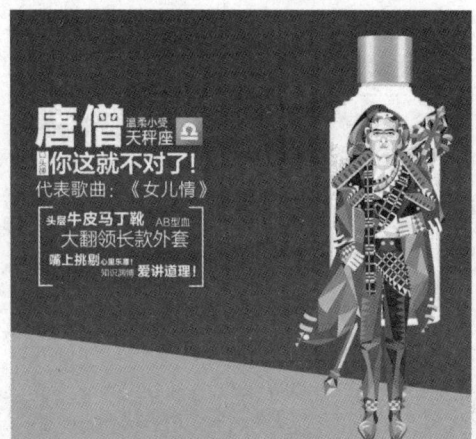

# 第一章

洞悉互联网思维的本质

## 凉茶中国好声音"神仙会"

无独有偶,凉茶品牌加多宝在浙江卫视第三季中国好声音的传播中,同样选择了以西游记故事里的各路神仙桥段为蓝本,推出了广受网友追捧的系列作品,在导师分班、学院复活赛之夜,创造了不菲的收视。

为什么蟠桃大会上没有了众神仙?

为什么广寒宫里不见了嫦娥?

为什么五指山下不见了孙悟空?

为什么高老庄不见了高翠兰?

为什么盘丝洞里不见了蜘蛛精?

真相只有一个:以"加多宝中国好声音"的名义,相聚一晚!

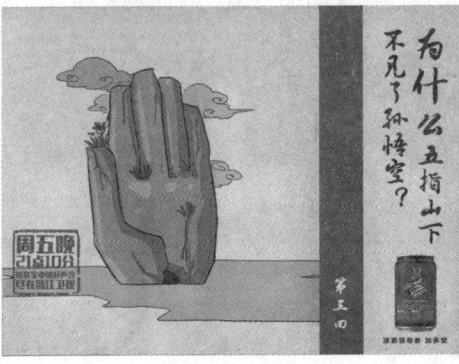

# 出位

如何用互联网思维破除瓶颈

第二章

# 激发强悍的变现能力

> 这一代的消费需求可以表达为:"我要购买那些能够给我带来个性化生活的东西;我要购买那些能够让我实现心理自主的服务;我要购买那些能够让我创造自己、了解自己,成为自己的东西。"

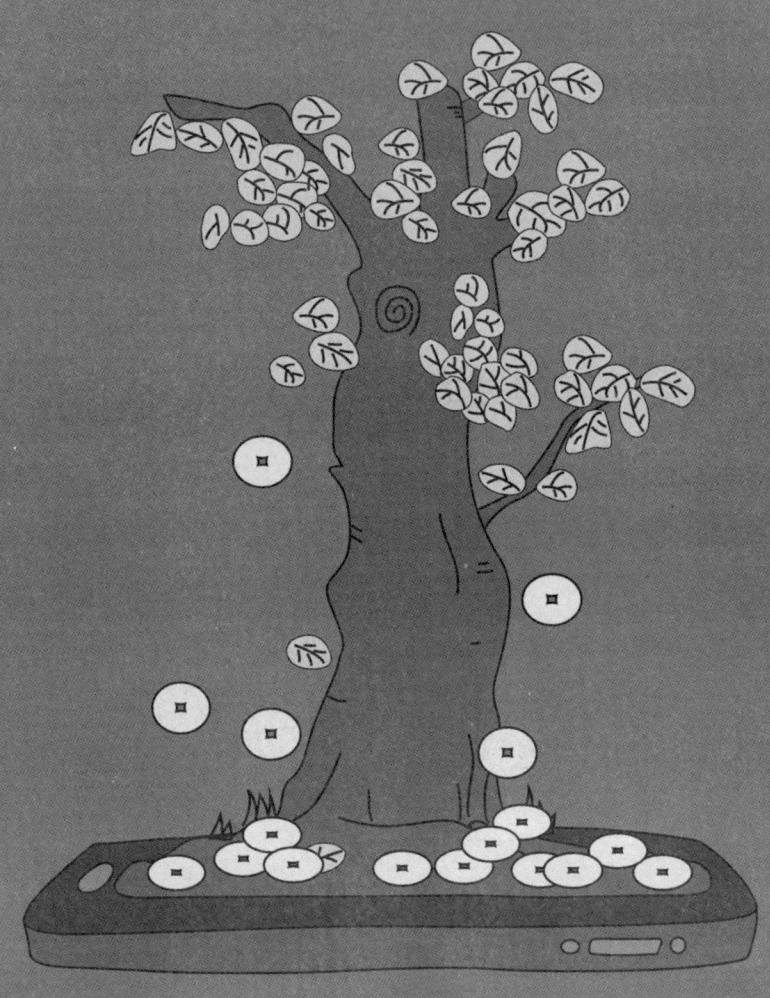

**激发互联网强悍的变现能力**

# 第二章

激发强悍的变现能力

## 把脉患上互联网焦虑症的高管们

从 2015 年开始,中国的企业家和营销人集体患上了互联网焦虑症,无论是做传统行业的,还是已经在做互联网的,大家都在说一个词:颠覆。

以小米为代表的互联网思维品牌,对传统企业的管理和营销发起了强大的挑战,他们颠覆一切传统守旧的东西,凡是传统坚持的,我就要反对。可怕的是,他们每次都成功了,这引起了用传统思维做品牌企业家们的恐慌。

患上互联网焦虑症的高官们分为两个阵营,一种是以万科郁亮为代表的新势代表们,以开放的心态来拥抱互联网,运用互联网思维来改造现有企业架构;另一种是以格力董明珠为代表的旧势代表们,排斥互联网对自己权威的挑战,始终认为互联网只是一种渠道,企业还是应该以技术升级为核心。

无论是唱空还是唱衰互联网思维的,但大家都有一个共识,就是互联网对传统营销带来了巨大冲击。企业家们能将这种争议放在台面上来讨论,已经是一种进步。

一种通俗说法坦陈了传统企业面对互联网的精神焦虑:"一个人看着外面

**把脉患上互联网焦虑症的高管们**

# 第二章
## 激发强悍的变现能力

的情人年轻又漂亮，挺好，但真让你抛弃原配娶她，那是非常痛苦的。你要面对情感问题，周围关系问题，还有法律问题。该怎么办？"

很多企业的渠道都合作很多年，算是准内部。如果制造企业通过网络销售，价格更低，经销商怎么办？它的成本结构没变，所以他要亏钱，怎么处理这种情感问题？

@张瑞敏："熟知并非真知"，我们现在所熟知的这些东西，可能都曾经给我们带来利益，也可能是我们割舍不下的，但是它可能很多都是和互联网时代相背的，都是传统时代的东西。但我们可能陷入到传统熟知的东西里了。今天做的，就是真正去追求互联网时代的真知。

如果不是因为焦虑，海尔集团张瑞敏不会在已经64岁的年纪，开始大谈如何互联网化。从1999年开始，张瑞敏带领海尔开始摸索线上业务，并于2000年成立了海尔集团电子商务有限公司。到2012年正式确定海尔的网络化战略时，海尔已经历了13年探索期。

传统组织架构和流程产生的羁绊，不深入商业细节无法想象，改变它，如同结束一段婚姻般痛苦。

互联网焦虑，或者说移动互联网焦虑，正是当前商业领袖们面临的最重要议题。

# 出位
## 如何用互联网思维破除瓶颈

## 互联网改变了营销的一切

在互联网经济浪潮冲击下,好像很多固定的营销法则都失效了。昔日我们引以自豪的渠道为王法则,被天猫、京东为代表的互联网新贵们一夜之间颠覆;定位营销大师们苦苦告诫的聚焦法则,被小米、微信等为代表的互联网思维抛之脑后;曾经一度被营销人挂在嘴边的 USP 独特的销售卖点,直接被 90 后消费群所无视,"我时代"的消费观早已从"我选择"到"我要求"转变。

定位理论走完了它的时代,该谢幕了。

如果腾讯循规蹈矩遵循定位理论,就没有现在的 QQ 商业帝国;要是阿里巴巴咬定定位青山不放松,如今的互联网三强根本没有阿里的位置。乐淘定位在鞋类垂直电商,玩完了;维棉定位于袜业品类,死掉了。

定位理论的崛起,为第二次工业革命时代的营销作出了巨大贡献。但是,随着以互联网技术创新为代表的第三次工业革命时代的到来,营销环境变了,信息流传播的方式变了,消费者购物的途径变了。

一切陈旧的理念终究将被埋葬。

在产品为王的营销时代,格力聚焦于空调,而美的产品线则遍及白家电,两家公司无论在营业额和市值上,拉开的距离并不是很大。

但在未来以消费者为主导的个性订制时代,格力的日子恐怕就没那么好过了。如果你是一个消费者,你是愿意美的帮你把家里的冰箱、空调、抽油烟机、消毒柜等一体化订制呢,还是单单就想订制一台格力空调。

个性化订制,涉及消费者的全流程体验,况且未来的家电肯定是智能全物联网家电,涉及端口兼容与内容共享的问题,消费者当然愿意一体化的解决方案。

## 第二章
### 激发强悍的变现能力

> 格力还在卖产品，而美的却在卖体验与解决方案。格力满足了用户的的需求，而美的满足的是用户的要求。

谁会走得更远？拭目以待。

一切行业都是娱乐业。

每个企业家的梦想，都想把自己的品牌打造成像《来自星星的你》里的都教授般拥有无数忠诚的粉丝，对偶像不离不弃。

这也是我们每个营销人、品牌人、广告人的梦想。

但我们有没有想过，为什么韩剧会这么火，为什么明星的粉丝忠诚度会如此的高？

拿娱乐业造星的法则来打造品牌、建设品牌，我们能触摸到这个梦想的机会会更近些。

购物、消费本来是件轻松休闲的事，何不让用户好玩点？

突破性创新理论的核心是互联网所倡导的娱乐精神，但又不全是娱乐精神。

### 大数据挖掘带来的反馈经济

大数据的出现让消费者的想法和消费行为有迹可循，推动营销的前置。例如，以前传统媒介广告的投放，在一份报纸上投放广告，只知道覆盖了多少人群，但这群人到底对这则广告的创意有没有兴趣，对广告内容的反馈怎么样，一切都不知道。广告界有一句名言：我知道我的广告费有一半是浪费的，但我不知道到底浪费在哪里了？

大数据的出现，通过对用户的精准分析，知道该投放给哪些用户，他们到底点击了广告没有，有多少转化率，等等，都可以通过后台数据得到反馈。

# 出位

#### 如何用互联网思维破除瓶颈

国外有一家公司,他们的产品开发和营销人员每天的工作就是泡在亚马逊等电商网站上,翻看用户对某款产品的吐槽,然后根据吐槽,找到用户痛点,设计出用户满意的产品。

例如,他们在一款音响产品的用户吐槽里发现了商机,用户抱怨为什么不开发一款浴室音响,这样洗澡的时候也可以听音乐。他们经过调查,发现很多用户都存在这样的需求。马上开发出一款迷你防水浴室音响,一经推出,就供不应求。

### 渠道媒体化,媒体渠道化

如果说阿里巴巴是中国最大的广告公司,相信没人说不。阿里旗下的阿里巴巴、淘宝、天猫、支付宝、一淘等网站,每年的广告流水高达上千亿。

随着在互联网技术不断迭代更新,互联网的入口流量牢牢被BAT三大公司所控制。淘宝、天猫、京东在成立之初只是电商销售渠道,但现在的它们越来越依赖流量的变现来赚钱。

而越来越多的传统媒体逐渐向销售渠道转型。现在各个城市的都市报系,随着广告业务的萎缩,大家利用自己的媒体优势,把赚钱的机会点放在了销售渠道上。例如广州的三大纸媒,其广告收入已经支撑不起其庞大的采编团队,所以每年他们积极举办车展、名牌衣帽鞋饰折扣展、珠宝玉器折扣节等等线下展会经济,勉强维持报社的基本运转。

一直走在电视商业模式创新的芒果台,早早就推出了其购物频道快乐购、呼啦购物等,积极利用媒体优势转型布局销售平台。

### 社交平台化,平台社交化

微信的出现,彻底让马云慌了神。

曾经拿着望远镜都找不到对手,突然这个对手一下就凑到了望眼镜前面,

# 第二章

## 激发强悍的变现能力

准备随时要给你一击。

如果微信单单作为一个社交工具，恐怕不会让马云如此恐惧。可怕的是微信偏偏就不是一个社交工具，2014年春节的微信抢红包，刚刚开通的微信支付，还有已经在尝试商业化的微信小店，才是让马云夜不能寐的重要原因。

微信在向着平台化的方向快速奔跑，对于普通用户而言，微信不再仅仅是社交的工具，还是购物的平台；对于自媒体的群主而言，微信又是一个天然的媒介传播渠道，可以传播自己独特的观点，迅速笼络一大群忠诚粉丝；而对于商家来说，微信具有的展示、沟通、应用和支付功能，就是一个绝好的销售和服务平台。

微信具有社交、媒体、销售功能，形成一个天然的生态产业链闭环，每个人都可以在里面找到自己的位置。

社交工具往平台化方向发展，肯定是以微信为代表的SNS新贵们未来要走的方向，这也是由互联网行业天然的无转移成本的属性所决定的。

阿里推出易信，携程收购驴评网，京东推出咚咚，这些平台型互联网公司都在用社交加强用户对平台的黏性。平台与用户没有交互，用户与用户之间没有交互，这样的平台，对于公司而言，是没有商业价值的。

尽可能地将用户留存在平台上，抢占用户的碎片化时间，这是每个平台推出社交工具的初衷。平台社交化，可以通过后台对用户大数据的挖掘，开拓出更多商机。

## O2O 与电子商务

这年头，嘴上不挂几个新潮的名词，都不好意思和人聊天。

什么互联网思维，什么抢占入口，什么二维码，都是大家讨论得非常多的热门词汇。

O2O绝对可以入选这些热门词汇前三名。

到底什么叫 O2O？

O2O 就是在移动互联网时代，生活消费领域通过线上（虚拟世界）和线下（现实世界）互动的一种新型商业模式。

用一句话来定义 O2O：

O2O 就是生活消费领域中虚实互动的新商业模式。

电商与 O2O 的区别：

O2O 更侧重服务性消费（包括餐饮、电影、旅游、健身、租房等），电商更侧重实物购物；

O2O 的消费者到现场获得服务，涉及客流；电商的消费者待在办公室或家里，等货上门，涉及物流；

O2O 中库存是服务，电商中库存是商品；

O2O 服务是本地化的，电商是全网络。

自媒体的社会化营销时代，参与即营销，营销由"你说我信"变成了"你说我证"，用户在 O2O 时代通过知道、了解、信任、交易和分享等几个阶段与品牌进行互动。

## 一切的营销法则好像都失效了

### 客户从我选择到我要求

我们来看看以时空为轴心的传统渠道发展过程。20 世纪 70、80 年代，因为商品少，我们通常去供销社购买物品。商品就摆放在玻璃橱柜里，你需要什么，售货员就给你拿什么，拿的次数多了，如果你还不买，售货员一脸的不耐烦。这种柜台式货架是由求大于供的关系所决定的，货品本来就不多，要悠着点卖，

# 第二章

## 激发强悍的变现能力

你爱买不买，不买就拉倒。

进入20世纪90年代，随着商品的极大丰富，再也不会发生物资短缺的情况。供求关系发生变化，供大于求，于是百货超市出现了，敞开式货架，随你买，你要多少都卖给你。

进入21世纪，城市人口极度膨胀，商业地产兴旺发达，城市出现多处中心区并存。商品越来越多，一个城市不再是那几个大超市。专卖店模式出现了，每个品类的商品都极多，一个百货商场根本摆不下，专卖家电的国美苏宁出现了，专业的化妆品超市出现了。

人们为购物付出的时空成本越来越高，一家百货商场动不动就上万平方，逛完一圈都得几个小时，再去国美买电器，又是上万平方的卖场，又得花好几个小时，时间、体力、交通成本都很高。

这时候电商网购出现了，不用你出家门，在家就可以把所有东西买回来。这时候消费者的心态又发生了变化，你们卖给我的都是些标准化的产品，既然你们这么想得到我这个客户，就为我个人需求订制产品吧，肯定刚开始有些品牌不乐意。好啊，你不乐意，我找别人去。为了得到这个用户，有的品牌答应了，竞争出现了，用户也觉得很满足。所以，个性订制一定会成为大势所趋。

## 用户从我关注到我参与

社会化媒体有一项重要特征，就是社群精神。在移动互联时代，一个有趣的现象是，物质时代的距离感与阶层感，反而催生了现代人的社群精神。每个人都处在各式各样的网络虚拟圈子里，人们用各种方式寻求与他人的联系，表达自己的关切，寻求协作与互动。

随手拍解救乞讨儿童、各种旅游达人分享的旅游攻略、米粉们参与手机的开发环节等等，都是社群精神的体现。

越来越多的商家愿意为消费者而变，商业化进程逐渐呈现以下几种特征。

多样化的选择：如果你很懒，没关系，你只需轻点鼠标，商家海量商品的多样化推荐，会尽情满足你无穷大的购物欲。无论卖衣服的、卖家电的、卖图书的，早已经实现了这一点，样式多得让你目不暇接，总有一款适合你。

参与设计：如开篇我们所提到的特斯拉，让用户参与设计，我们满足你的独特需求。在未来，商家会提供两种商品，一种是标准化的大众产品，一种是个性需求的产品，这种趋势现在为越来越多的品牌所使用。

主导创造：商家想告诉主导创造的消费者，如果你还意犹未尽，如果你希望展示你的才华，那你就尽情发挥你的创意，有无数多的专业的工具和平台供你挥洒才情，展现自我。海尔天樽空调、猪八戒威客网、自媒体等都代表着这种趋势的商业模式。

## 消费者从认知到认同

80、90后的群体正日益成为社会的主流人群，他们对财富的了解，对社会形态的认识，对个体体验的重视，汇聚成强大的潮流力量，并逐渐改写了商业世界的游戏规则。

他们的特征是：

第一，反对被归类，并讨厌被归类；

第二，反商业化，拒绝大众潮流；

第三，可以借鉴，但绝不跟风；

第四，强调思考，愿意特立独行；

第五，偏好隐秘、小众、私人化的品牌及消费；

第六，具有文艺倾向；

第七，愿意消费精神产品，并自己赋予意义解读；

第八，追求有形和无形的自我空间。

这一代的消费需求可以表达为："我要购买那些能够给我带来个性化生活

# 第二章
## 激发强悍的变现能力

的东西；我要购买那些能够让我实现心理自主的服务；我要购买那些能够让我创造自己、了解自己、成为自己的东西。"

以往的品牌营销和广告传播活动，只要有知名度和美誉度就行了，用户可能就会买单。现在变了，消费者如果不认同你品牌所代表的价值观和精神气质，用户只会鄙视你，不会点赞。

## 两个被预测的败局

**董明珠与雷军的赌局，米粉们可以提前庆祝了**

董阿姨在互联网思维的路上有愈走愈远的迹象，最新一期的《中国经营报》发表记者对格力一线采访的深度报道，曝出格力很多不为外界所知的秘密，克扣员工奖金，给全体职员铺摊销售业绩，五年未加薪，员工权益得不到保障等。

互联网思维很重要的一点就是发挥基层员工的积极性，小米、百度等企业无一不是这样做的，连海尔这个传统企业的巨无霸也在研究如何让每个让员工当好CEO。董阿姨好像并不愿意这样做，她把员工们当成生产线上的工具，要绝对的服从和任我宰割。

不知格兰仕2000员工的大罢工有没有让董阿姨反思，90后的新一代农民工，再也不是像70后循规蹈矩的一群人，他们勇于挑战权威，希望发出自己的声音，不希望被压抑。

格力每年的规模增长，是建立在空调行业环境的大增长之上的，一旦行业增长放缓，或者受到其他行业的冲击，企业增速下降，很多被掩盖的矛盾就会浮出水面。

对外没有像小米那样忠诚的米粉，对内则是怨气冲天的员工们，空调产业的环境又在受到互联网企业的冲击，说不定哪天小米、腾讯进军智能家电领域。如此的内忧外患，董阿姨在下次"两会"采访时，还会不会笑得那么欢？

董阿姨一直骄傲于格力聚焦于空调的定位，将会受到消费者越来越趋向个性化整套智能家电订制的消费改变挑战。海尔、美的、TCL相继布局整套智能家电订制，董阿姨却对这种消费趋势置若罔闻，继续强调自己的核心科技。

用户未来选择家电，是考虑选择一张什么样的智能物联网，而不是选择一款掌握核心技术的好空调。

米粉们可以提前庆祝了，雷军赢定了。

互联网思维在于跳出行业看行业，在未来，再也没有单品，一切产品都以互联网来进行大连接。

### 恒大冰泉诞生之日，就是其陨落的开始

土豪的思维，是一般人所达不到的境界。

恒大当初做足球，大家都以为许家印是为了做广告，结果他是在做政治；

恒大现在做矿泉水，我们都以为许家印是在做产业链，但他却只是在做水。

恒大冰泉借助亚冠决赛时广州恒大队夺冠惊艳亮相，梦幻般的开局，一举秒杀农夫山泉、昆仑山等对手。

土豪就是土豪，仅一个春节，许家印就豪掷13亿作为恒大冰泉的广告推广费用，吓呆了竞争对手和它的小伙伴们。央视、卫视、分众、地铁、候车厅铺天盖地被恒大冰泉的广告所覆盖。

但是，这样密集式的广告打法，并不适合恒大冰泉，许老板还是以传统的广告营销手段来做恒大冰泉。

每逢恒大的新楼盘开盘，广告攻势那叫一个猛。上至空中飘的飞艇，下至大街小巷候车厅，整版整版套红的报纸广告更不用说，售楼部则有范冰冰、成龙为其站台，加上开盘极具诱惑力的广告语："开盘必特价，特价必升值"。

# 第二章

## 激发强悍的变现能力

有这样的广告支持，恒大新推出的大部分楼盘开盘即售罄。

许老板靠这样土豪式的广告投放打法，一路从广州到北京，再到沈阳，再转到上海，所到之处，恒大无不所向披靡，屡战屡胜。

但是，楼盘和"快消"的推广不一样。楼盘相对区域比较集中，推广周期短，需要在短时间内爆破，迅速抓住大众眼球，所以恒大楼盘的土豪式广告投放是很有效的。

首先，恒大冰泉属于快消品，依靠大量的广告投放，能迅速打响知名度，用户可能会以尝鲜的心态来买几瓶试试看，但要让用户持续消费，粗放式密集式的广告投放就不一定能起到很好的效果了。定价、渠道、口感等因素无一不影响用户的购买决策。

当初资本操作高手张海在收购健力宝后，迅速推出新品牌"第五季"，相比恒大冰泉的投放力度，有过之而无不及。但由于产品口感、包装、渠道等都没有跟上，结果"第五季"一败涂地。

恒大冰泉在终端生动化陈列、产品组合、体验营销、试饮等精细化营销手段上都还没有看到有什么动作，粗放式的广告投放已经不适合现在的营销环境了。

其次，恒大冰泉并没有找到自己的标签和用户。广东有个区域矿泉水品牌，叫鼎湖山泉，它给自己的贴的标签是鼎湖山泉好水煲出靓汤，泡出好茶，因为广东人喜欢喝茶煲汤，自然鼎湖山泉是最佳选择。鼎湖山泉将自己放在用户的煲汤冲茶的使用心智里，避开农夫山泉、怡宝等强大的竞争对手，所以鼎湖山泉在农夫山泉、怡宝的夹击下找到了自己的生存空间。

恒大冰泉一瓶350ml的矿泉水，终端零售价4.8元，这是一个很贵的价格。究竟是什么人会喝恒大冰泉水，或者这群人在什么时空情况下饮用恒大冰泉？在所有恒大冰泉的传播推广轨迹中，我们看不到它是想卖给谁的。因为普通的消费者根本消费不起，这就需要先找到我们的消费者，否则，现在所有的传播沟通都是无效的。

再次，恒大冰泉盯错了竞争对手。

我们看看农夫山泉的广告语："我们从不生产水，我们只是大自然的搬运工。"再看看最新恒大冰泉的广告语："不是所有大自然的水都是好水，我们搬运的不是地表水，是3000万年长白山的原始森林深层火山矿泉"。

恒大冰泉明显是针对的农夫山泉，不知道为恒大冰泉做咨询服务的营销公司有没有研究过，恒大冰泉的消费群和农夫山泉是同一群人吗？一瓶380ml的农夫山泉售价1.5元，而同样一款差不多的350ml的恒大冰泉售价4.8元，贵了3倍都不止。

笔者见过一个土豪，家里洗菜淘米洗水果喝的水全都是用的法国进口依云矿泉水，这群人有可能是恒大冰泉争取的对象。而在运动完后，大汗淋漓，拿着一瓶农夫山泉一仰口就灌完的大学生，绝对不会是恒大冰泉的主力消费群体。

推广策略的错误，消费人群的缺失，无效的品牌标签，以上这三大原因会让恒大冰泉的营销彻底陷入困境。这三点不改变的话，接踵而来的渠道布局，又是恒大冰泉的软肋。

恒大冰泉的推广团队如果意识到了以上几点，加以改进，凭借恒大强大的执行力，恒大冰泉会在快消路上越走越顺，因为许老板的布局是对的，关系到大众民生的快消行业，永远是朝阳行业。

# 第三章

# 打造超级盈利的利器

在与消费者体验的每一个环节都给他惊喜，本身就是一种传播，把体验当成对用户的N次传播，能把信赖成本降为负值。要想在本质源头上消灭用户的不满意，能够采取的措施就是在每个体验点上主动给她惊喜，这样的付出，比犯错后所要付出的补救成本要低得多。

超级品牌体验，就是创造惊喜

# 第三章

打造超级盈利的利器

## 超级品牌体验，就是创造惊喜

### 创造惊喜——像对情人般制造惊喜

用户体验，这是互联网新贵们在各种场合说得最多的一个词。

到底什么叫用户体验，所谓用户体验就是用户在体验产品过程中建立起来的纯主观感受。互联网应用产品开发人员对这个词可以说是耳熟能详，反正把握一个原则，开发的产品要给客户好用、好看。

其实我们同样也可以用这个理念来优化360度的用户体验，也就是超级用户体验。

我们贩卖的产品，基本上是分为两种功能，一种是为了满足用户的使用需求，例如家具、电脑、衣服等，用户能看得见摸得着，这叫物质产品。另一种是为了满足用户精神层面的需求，如保险、电影、旅游等，去三亚海滩上游玩了一圈，心情爽了，腰也不疼了，干工作也有劲了，这叫精神产品。

但它们都有一个共同点，都是为了满足用户的期待。广告人把家具画面设计得那么漂亮，就是为了让消费者憧憬，啊，这套家具放我家里，就这个样，

# 出位

#### 如何用互联网思维破除瓶颈

好漂亮啊。消费者在电视里看到九寨沟的景色,哇塞,太美了,要是和情人在那边一起游玩,我不知要幸福成啥样!

看吧,广告传播的目的都是为了勾引消费者的期待,一个广告没能做到让消费者有所期待,那就太失败了。

电商时代,一件商品从消费者下单购买开始,消费者就一直在期待,在憧憬,用户这时候的信赖成本已经变得很低。但后面的送货、售后服务等环节,有可能会让信赖成本变高。

传统的营销,从消费者下单开始,营销过程基本就结束了,虽然很多企业讲售后服务啊、送货什么的让顾客后顾无忧,但他们从心底还是轻视后面的这些服务环节,以为钱拿到手了,大事就完成了,就成功了,至于售后送货嘛,不出差错就得了。

这种观念就大错特错,他们根本没有把后续的送货、售后服务等环节提升到品牌体验的战略高度,没有把与用户接触的每一个点都变成一次次让用户尖叫的惊喜。

> 制造惊喜,能触发用户的分享欲望,才能促成一个完整的传播闭环。

我们来看看一个网购用户全过程品牌体验的触点。

用户经过一番详细衡量比较,终于在某手机官网下单购买了一款智能手机,下面就等着快递送货上门。在这里,我们和她去传统手机专卖店购买手机时的心态来个对比,还是以本书开头的小美为虚拟用户。

在传统卖场,小美拿着真机,感受到了真机的质感与功能,现场的导购员也向她讲明了优惠政策和赠送的礼品。经过她软磨硬泡,导购员又送了她一个充电器,并表示再也没有礼品能赠送了。小美拿着手机一路把玩着回家,购物

## 第三章

### 打造超级盈利的利器

过程基本结束。

购物环节全程没有惊喜，因为礼品是自己争取过来的，手机也如以前看到的一样，就那样，可能导购员的强硬态度还让她多少有些耿耿于怀。

我们再来看看她网购的过程。下单以后，她就开始一直在期待，恨不得马上就能拿到手机。她不断查询快递进度，快递显示，已经出货，正在配送的路上（与期待相符）。

终于盼到预定的到达日期了，从早上开始起她就在期盼，快递什么时候能到。直到下午4点，包裹送到了。快递员是一位普通的大叔，签字，收件，没有交流（与期待相符）。

手机的包装盒也一般，不是很精美也不是很破烂，反正就是平常的包装（与期待相符）。

拆开包装盒，真机到手，好像没有网上的那么精美，但网上是由于拍摄角度的问题，图片肯定都PS过，拿在模特手上当然好看（与期待相符）。

充电，开机，里面的性能一切正常，就这样吧（与期待相符）。

晚上去评论区留言，真机拿到手，都还行。

朋友问她这款手机咋样，她说一般，反正就那样吧。

我们来梳理下用户下单后的触点，一共有七个和该品牌的亲密体验点，假设我们每个触点都做到了100%，其实做到100%是很难的，即使我们努力做到了，还是只能达到用户预期。用户没对你有什么大的不满意就OK了，她也不会给你特别大的赞赏和奖励。

但是，我们这七个体验点，每个点对于我们品牌来说，都是一次用户体验的潜在风险所在。如果送货不及时，包装破损，与快递员纠纷，都会让该品牌的体验大打折扣，严重的会让消费者大发雷霆，在网上吐槽该品牌的种种不是。

因为你和用户的接触点越多，出错的几率就越大，所谓做得多就错得越多，就是这道理。

# 出位

## 如何用互联网思维破除瓶颈

我们再换另外一种结果。

用户在查询快递单进度时，在网上显示出该单快递员的姓名及卡通照片，点击他，他会帅帅坏坏地说："别调戏我哦，我可还是个处男！"会发生什么？

用户肯定会大呼小叫叫上办公室同事一起来看，太好玩了，不断的用鼠标单击调戏他，他会弱弱的，很委屈："你们这些坏淫，你们全都是坏淫，我要告诉我妈妈你们欺负俺……"（用户惊喜）

快递终于在规定的时间送到了，哇噻，真是个腼腆的小帅哥，欧巴！办公室的熟女都来围观调戏他，以后就你专门来给我们配送货，不能换别的快递哦。（用户惊喜）

收到快递后，包装特别精美，封箱的胶带上写着："亲，我怕疼，别粗鲁地对我，轻点，不要……！"（用户惊喜）

小心翼翼地撕开封箱纸，里面是个精美的包装盒："主人，别扔掉我，你可以将我做成储藏盒，这样，我就可以天天陪伴着你了……。"包装盒竟然可以作为多功能的储藏盒。（用户惊喜）

拆开手机包装盒，见到一个蓝牙、一只漂亮的手机外壳、一个可以挂在手机上的卡通小公仔。"亲爱的，老板娘和男朋友去马尔代夫度假了，我那个羡慕嫉妒恨啊，我要送送送……嗯，现在我心里平衡了，希望你能喜欢，记得好评哦，爱你。"

哇，用户简直惊呆了。（超级惊喜）

立马发微信朋友圈，微博，朋友们都笑得抽疯，小心脏都快被爆棚了。当天晚上就有三个疯婆子下单购买那款品牌手机，说也要体验下这种一天七次的高潮的感觉。

对比这三种购物体验，第一种，实体店，80 分；第二种，99 分；第三种，150 分，即使产品上有点小瑕疵或不满意，用户也不会再深究，因为每一次的惊喜都大大出乎了她的意料。这样的用户，想象她除了在朋友圈疯狂地帮你推广，

# 第三章
## 打造超级盈利的利器

还会像祥林嫂一样，逢人便说："说真的，我真没想到，太太太惊喜了……"

> 在与消费者体验的每一个环节都给他惊喜，本身就是一种传播，把体验当成对用户的 N 次传播，能把信赖成本降为负值。要想在本质源头上消灭用户的不满意，能够采取的措施就是在每个体验点上主动给她惊喜，这样的付出，比犯错后所要付出的补救成本要低得多。

### 品牌是属于粉丝的，我们只是替粉丝保管品牌

用户购买产品或者享受服务会来自多方面的感知，对产品的外观是否合乎眼缘、商品的性能质量是否满意，对导购员或者客服是否暗生不爽、售后服务收费及响应速度是否落差巨大等等。

用户已经被市场化的经济给惯坏了，你只要上面的哪点客户体验没做好，都有可能失去用户。

笔者陪妈妈去菜市场买菜，见到肉档想要称二斤排骨，老太太连忙拉住笔者就走。"别在这买，虽然他肉也新鲜，但每次都不肯给我剁碎排骨，不买他家的！"看看，现在的用户多挑剔，只是因为档主没空给老太太剁排骨，就永远失去了一个顾客。

所以说我们要从品牌体验的全链条来打造品牌，把这个思维贯穿到营销和建设品牌的理念里去，才能真正打造超级品牌。

从这个角度来说，每个公司的 CEO 就是首席品牌总监，只有老板来整合资源全公司推动，才能起到实实在在的品牌建设效果。一个企业的 CEO 把品牌部总监叫到办公室，然后对他说，产品你别管、服务你别管、渠道你也别管、售后也不用你管，你只管把品牌打造好就行，这个企业，注定失败。

互联网对各行各业的冲击，不仅仅是信息的传播渠道改变这么简单，它已

# 出位

### 如何用互联网思维破除瓶颈

经渗透改变了营销的各个环节，产品、渠道、口碑、公关、售后等，无一不受到互联网的冲击。互联网让一切变得更透明，你不能再把自己端着，高高在上的品牌，用户再也不会抬着大轿来供奉你。

品牌不能再低着头去看用户，必须蹲下来和用户面对面交流。一句话，互联网宠坏了用户，逼着营销也要去往伺候用户的理念去变。

对用户，我们打，打不得；骂，骂不得。那还有什么办法！没法伺候他了。

有办法！

举一个例子，我们小时候都调皮过，特别是男孩子，在学校里简直没一刻消停，一会儿拉女同学的小辫子，一会儿把小虫放在同桌的文具盒里。老师没办法，把家长叫过来，让家长管教，狠批。可好了没几天，调皮捣蛋的家伙又恢复成原样了。

这时候，聪明的老师就会想一个办法，让这个捣蛋的男孩子当官，给他权力，然后告诉他，你是班干部，要以身作则带好头，管理好班级秩序，效果会立竿见影。

打造品牌，我们也要用这种思维，尊重用户，让用户参与品牌的建设。给了他权力，他就有了责任，就与品牌有了感情，有了感情，他就会用心去维护品牌，也获得了荣誉。血肉相连，久而久之，用户对品牌的忠诚度就越来越高，就成了品牌的忠实粉丝。

别人对品牌进行诋毁时，你还没站出来，他先和对手已经约架干起仗来了。

用这种思维来打造品牌，就要让用户参与品牌建造的制造、营销、供应商、开发、渠道等各个环节，这部分用户就成了我们的核心粉丝群，由口碑去扩散，远远比我们的广告宣传更有效。

小米为什么做得这么成功，雷军说过，小米最重要的资产不是他雷军，也不是黎万强，也不是林斌，而是忠诚的米粉们。没有米粉们的贡献，小米不会达到今天的成就。

# 第三章
打造超级盈利的利器

# 导向归纳

用户永远也不会告诉你她需要什么样的产品,她只会选择满足她需求的产品,我们明白了这个道理,把它运用到营销实践中,就会产生很多意想不到的惊喜。

同样的产品,你在用户心目中给它归纳不同的类别,放在用户的需求心智中去,结果可能会截然不同。

**时空归纳法**

益达口香糖,最早进入中国时,给自己贴的是洁白牙齿的魔力标签,这个口号推广一段时间后,市场却一直不温不火,没有达到预期效果。

后来经过科学的市场调研,发现用户对洁白牙齿的标签根本不感冒,消费者认为,天天刷牙才能洁白牙齿,嚼口香糖最多是对清洁牙齿的一种补充,根本不可能起到洁白牙齿的效果。

益达重新调整策略,给品牌贴上关爱的标签,传达给用户一个理念,如果你关爱你的朋友或者情侣的口腔清洁,就应该送他益达,并且告诉消费者该什么时候使用,吃完喝完嚼益达,二颗。

这是一个非常聪明的策略,将益达归纳在时空线条上,教育用户吃完饭喝完酒嚼两颗益达,会保护牙齿。每个人每天都要吃三餐饭,吃完饭后马上嚼两颗益达,保护牙齿清新口气,增加了用户的消费频次。这种策略有点类似像中国的一个约定俗语:饭后一支烟,胜似活神仙。饭后想起要嚼口香糖,肯定第一选择是益达。

香港嘉顿食品也是将时空归纳法运用得比较好的品牌,当别的蛋糕、零食

# 出位

#### 如何用互联网思维破除瓶颈

品牌主打欢乐分享情感路线时，嘉顿将消费者一天的零食时段分类归纳，分为早餐和下午茶，作为对主餐的补充。推出了早餐饼和下午茶套餐，当用户早上和下午茶时间在士多店的货架上无从选择时，嘉顿的时空分类法发出了巨大威力，告诉用户，这个时候你就应该选我。因为嘉顿会科学的根据一天人在不同时段所消耗的热量来规划补充营养，早餐补充蛋白质，下午茶补充维生素。根据用户的时空实际需求，一下进入消费者的心智抽屉，当她在某个时空段要满足某种需求时，会第一时间选择你。

## 使用价值归纳法

天地一号苹果醋饮料，到底是饮料还是酒，或者是其他的品类？如果没有归纳清楚，消费者在购买时会犹豫不决，因为他不知道该在什么样的场合去使用它。

如果把天地一号归纳为饮料，消费者心智会把它与可口可乐、康师傅冰红茶、营养快线、加多宝等放在一起比较；如果将天地一号归纳为酒类，用户会把它拿来与啤酒、白酒、红酒做比较。

天地一号没有将自己归纳为以上两类，而是独辟蹊径，在消费者心目中把自己归纳为饭前饭中饭后助肠胃消化的功能饮料。用户这下明白了，就是餐桌上的第五道菜。消费者在和朋友聚会、亲人团聚、同事庆功时会主动选择天地一号，助消化，不腹胀。和江中健胃消食片成了对手，但它比健胃消食片多了个止渴功能，更适合在餐桌上饮用。

5牌口香糖也是如此策略，我避开箭牌清新口气的心智策略，我也不和益达去抢占关爱的心智标签，我主张在朋友聚会时玩真心话大冒险，大家在一起分享快乐，我为自己贴上娱乐休闲好玩的魔力标签。

以前各大空调大力推广有氧空调、静音空调，这都是按照空调的产品功能来分类，现在好了，格力推出卧室空调、儿童空调，彻底颠覆了以前的产品导

# 第三章
## 打造超级盈利的利器

向归纳法，围绕用户的需求价值来归类。

## 精神属性归纳法

传统的购物方式是没有目的性的购物，譬如我今天想去买几件衣服，我出发前根本不知道自己要买什么风格的，反正先逛逛，到时看到中意的再买。不仅是买衣服、日常用品等这些低价值的商品，即使购物空调数码产品，你去商场之前你确定了要购买哪一款吗？没有！

互联网让用户所面对的商品更多，选择越多，就是没有选择。用户在购物之前不得不自己做好功课，我喜欢森女气质的，我喜欢卡哇伊可爱系列的。一个女性网民去淘宝购物，她想买女装，根本就不会在搜索框里搜索女装这两个字，而是搜索她自己气质的关键词，如御姐、文艺风、森女、休闲等关键词。

搜索，让用户强制给自己的精神属性归个类，因为只有这样，她才会在浩如烟海的商品信息里找到最适合自己的。

搜索，让用户的购物心态发生了改变，由以往的随便逛逛变成了有目的的购物。

几个女孩去超级商场购物，更多的是享受购物体验的社交快感。她们去购物，通常是已经给自己规划了整块整块的时间。

我们经常见到周围的几个女孩邀约，我们这个周末去购物吧，或者说今晚下班后大家一起去天河城逛逛吧。

但是在网上购物更多的是利用碎片化时间来完成，中午吃完饭、下班后在地铁、公交车上、等孩子熟睡后这些时间。

碎片化、目的性强是网上购物的主要特点。

并且互联网上的海量商品和线下商场的衣服等商品款式根本没有可比性，用户在网购时也没有线下商场的体验和导购帮她做指引。

这个时候消费者去网上购物，只能自己先做好功课。

我买空调是为了装在儿童房的，我买衣服选择文艺风的。品牌的情感价值和标签成了用户重要的选择。

如茵蔓所倡导的慢生活，就是为了满足女性们在繁忙的都市中慢下来，轻松一下的精神需求。

我们在遇到销售或者营销瓶颈等问题时，静下心来，洞察市场，找到用户内心最深处的需求，重新贴标签，把品牌放在用户的另一个心智抽屉里，就会柳暗花明又一村。

## 社群分类

**在互联网上，每个人都有另一面的自己**

我们常常可以看到营销和广告人这样来描述消费者："职业，白领，月薪在5000—8000元之间，在一线城市从事教育、IT、传媒等脑力工作，爱好旅游、美食，会定期参加朋友聚会和闺蜜逛街购物。"

这只是一个你所看到的普通白领表面的标签，同样是这群人，她们的内心表现却千差万别，我们营销的目的不是为了洞察用户的社会标签，而是要找到她内心的真实需求，品牌才能真正引起她们的共鸣。

互联网出现之前，人们是以时空的形式聚集、交往、社交。互联网出现之后，人们是以兴趣爱好为组织形式的社群聚集。

就像父辈们搞不懂现在的年轻人，和父母在一起时不爱说话，一个劲地埋头玩手机，但和网上的朋友们却聊得热火朝天，不亦乐乎。

世界上最遥远的距离，莫过于我们坐在一起，你却在玩手机。

社群，是互联网组织的最小细胞，每个人以兴趣社群的方式交叉互动存在。

# 第三章

## 打造超级盈利的利器

微博、微信、豆瓣、妈妈圈、穷游网、天涯、盛大文学、虎扑网、威锋论坛、自媒体等都是以社群聚集为组织搭建的兴趣平台。不管你是18岁的大学生，还是60岁的退休干部，你们都相聚在虎扑体育里聊篮球，聊NBA。大家的职业各不相同，年龄也相差巨大，但是你们却有共同的爱好和话题。

每个人的社群不是独立的，都是交叉存在的。你是个妈妈，在妈妈圈里和妈妈们一起交流育儿经。可你同时也是个资深驴友，你在穷游网和一大帮来自天南地北的驴友们计划十一去哪扎寨露营。你又是一个娱乐记者，你在天涯娱乐八卦和一帮同行互通娱乐资讯。你在每个社群里都混得如鱼得水，游刃有余。

想想看吧，这是不是我们周围大部分人的社群状态。我们很多的信息和资讯是通过各个社群获悉的。我们不信任广告的推荐，但我们乐意听取社群领袖的意见。用户在网络上被各个社群所分割，但每个社群都很小，每个社群大于150人，群里的交流互动就会急剧下降，分裂为其他社群。

谈完了社群，让我们弄清楚用户在互联网上以何种形式和平台存在。

下面我们来给社群消费者的内心分类。

人是一种群体居住的情感动物，所以人的内心比一般的动物要复杂得多，群居就意味着有社交，周围的群体给人会带来鼓励或者压力。有一句话说得很好："结婚不是两个人的事，而是两个家庭的事。"这句话就充分阐释了人类群居的本质。

人在现实社会中会不断受到周围社交人群的干扰。

从小我们就有个宿敌，叫"别人家的孩子"。这个孩子从来不玩游戏，不聊QQ，不喜欢逛街，天天就知道学习；长得好看，又听话又温顺，回回年级第一，还有个有钱有正儿八经工作的男/女朋友；会做饭，会家务，会八门外语；上学在外地一个月只要400块生活费还嫌多……

大家笑了吧。我们购买一件商品，是为了满足现实生活的需要，我们虽然精神世界生活在网络中，身体却活在现实生活中。

# 出位

## 如何用互联网思维破除瓶颈

**不要给用户的社会标签分类，要给用户的内心需求分类**

我们常常按照年龄段、职业和财富值来划分消费群，这完全是"办公室作业"，你去购物商场看看，购物的人们并不像你预想中的那样。

具体来说，按商品满足人们现实生活中的需求来归类，基本上分为三类。

第一类：个人需求。我买一辆车，是为了满足上下班不再挤公交地铁的代步需求，周末还可以带家人去郊区游玩；

第二类：家庭需求。每个人都处在一个家庭细胞当中，我买这辆车，除了每天上下班，我还得考虑到家庭成员的需求，我们家有五口人，我得选择空间大点的SUV车，家里有宝宝需要放婴儿车，要求后备箱空间宽敞。

第三类：社会需求。每个人又处在一个社交环境中。我是企业的销售总监，我要经常见客户，所以车的档次不能太低，不然客户和我合作会觉得我们没实力，所以说我得选择一个豪华品牌车。

消费者购买一件商品，他要考虑的现实社会因素会非常多。我们要打造品牌，首先要清楚是满足用户的哪一层需求。如果客户带着社会需求去买车，比亚迪的销售员把车说得再天花乱坠，折扣低到5折，还送无数赠品，客户可能都不会选择。

我们在作消费者深度调研时发现了一个很有趣的现象，无论男性还是女性用户和朋友线下购物体验时，一般会选择中高档的品牌。而用户在线上网购时通常对价格会非常敏感，选择性价比高品牌的几率非常高。

这是为什么？因为和朋友一起购物，会碍于面子，不想选择价格低廉的品牌，以免被朋友们看不起。而在网上反正是一个人购物，不必在意面子问题。单单一个购物过程，消费者都会受到现实社交的影响。

这就给我们一个启发，我们做品牌时可以分线上线下品牌来操作，线下品牌定位高端，线上品牌定位中低端，会更加吻合消费者的购物心理。

# 第三章
打造超级盈利的利器

## 社群平台研究

为了更好地传播，做到最优化投放效果，我们对几种社群平台关系进行研究。

**微信——没有陌生人的世界。**

重社交，轻传播。

微信的发展，让现实的朋友圈关系更加稳固。微信已经发展成为朋友社交分享的平台，加入支付功能后，更升级成为互联网电商购物平台。微信服务号更多的为服务型品牌所开发利用，让品牌和用户得以一对一沟通和业务服务。例如南航、招行、泰康保险、联通等。

公众号往自媒体方向发展的趋势越来越明显，可就是在笔者写这本书的时候，腾讯突然封掉了大批公众号，其中包括一些有影响力的自媒体，到底腾讯想把微信往哪个方向带，尚不清楚。

但微信重熟人间的社交，轻新闻快速传播的特性在马航失联后的公众事件上表露无疑。马航失联事件发生后，微信朋友圈里基本转发的都是些祈祷类的心灵鸡汤，及时更新马航失联的内幕新闻很少。

微信以熟人圈来聚集，社群成员日常交流多。

**微博——总比媒体快一步**

重传播，轻社交。

新浪本身是个互联网媒体公司，做着做着，就将新浪微博做成了新闻平台。微博重在新闻热点的传播，世界要是发生什么大事，一般都是微博上最先爆料出来,要想了解事态发展到何种程度,上微博刷刷,一目了然。但是微博松散型的社交关系让用户黏性不强,用户更多是把微博当作一个浏览新闻动态和明星八卦行踪的平台。

微博以主体和粉丝圈来聚集,社群之间相互交流少。

### 豆瓣——世上最泛滥的文艺青年聚集地

重话题,轻互动。

豆瓣基本上是一群文艺爱好者的聚集地,大家讨论电影、畅谈文学,风花雪月,极尽风情之能事。

豆瓣以兴趣小组来聚集,每个人都有自己的独特标签,在这里,没有时事尘埃的干扰,是心灵的一块净地。

以豆瓣为首的兴趣聚集的社区有很多,例如早些年人气非常高的天涯、猫扑等。

兴趣将他们圈在一起,但圈子间互动很少,成员间也是松散的陌生人关系。

互联网将网民们以各种社群聚集在一起,每个网民对社群的忠诚度都非常高,这对我们营销人是一个非常有价值的发现。基于这个洞察,我们的传播应该从他们感兴趣的内容开始,由一个社群成员将广告信息带入圈子,然后通过圈子的分享转播扩散开来,这种扩散最好的途径就是找到他们的群主来传播。所以传播方式上我们尽可能找很多这样的领袖、权威和典型人物,通过他们的影响力借势传播。

品牌在完成对社群的分类分析后,下一步就要找准品牌到底想要满足用户的哪层需求,要开发不同的、跨界的、越界的产品全方位满足他们的需求。

要为现有社群提供新产品,而不是为现有产品寻找新客户。服务好你现有的社群用户,获得的价值远比开拓新客户要付出的成本低得多。

# 第三章

## 打造超级盈利的利器

# 品牌好像没那么重要了

### 去LOGO化——口碑打败LOGO

如果你去翻看一个成功人士的西服品牌标签，你会发现，他穿的衣服要么名牌，要么是无牌。改革开放之初，先富起来的那一批人，脖子上喜欢带拇指粗的黄金项链，现在土豪们早已不屑显摆。曾几何时，我们西服的左前胸、袖口上，无不绣着品牌的标签与LOGO。现在的商务人士，在买回西服的第一件事，就是剪掉标签。高端订制西服在交付成品给客户时，根本不会让品牌的LOGO出现在西服的任何地方。

LOGO是强调身份与阶级最直观的标志，这种刻意建立起来的人为标准，必然会随着越来越自由和开放的社会而被弱化，"人们已经不需要通过LOGO去证明什么了，它们有了更多的方式和方法。执着于LOGO不放手，更像是那些留恋着往日荣光的没落老派"。

LV、Burberry、GUCCI等国际大牌在2014年夏季新品上，已经不见了曾经放得硕大的那些经典LOGO，品牌的去LOGO化，在中国这种趋势也越来越明显。

互联网独特的网购体验，用户对产品本身价值的回归，用户自由开放的价值观，订制化商业模式的出现，都让LOGO的价值作用在弱化。

首先，移动互联独特的网购体验。移动互联是没有时空限制的购物过程，用户更多的是利用碎片化时间来浏览商品信息，更多的时间是一个人在购物，这里面就有两种变化值得思考，由于时间短，更容易很快让用户决定或者放弃购买，这时候商品的评价和销量直接成为该商品是否值得购买的量化标准。

互联网的屏小，更适合一个人购物，没有实体店导购员的唠唠叨叨，没有闺蜜在旁边叽叽喳喳,不关系到购买该品牌时的面子问题,只要产品能抓住用户痛点,让用户尖叫,小品牌一样能获得用户青睐。

其次,用户对产品本身价值的回归。这是一种用户主导供求关系下的消费大趋势,产品足够多的条件下,用户肯定会选择更适合自己的产品。

最后,用户自由开放的价值观。改革开放之初,穷怕了的中国人打开闸门大肆消费,先富起来的那批人喜欢在别人面前炫耀。随着市场经济的发展,外来西方的消费观念也在冲击着国人,在网络上成长起来的80、90后早已不认同老祖宗留下来的价值观,文化趋于多元化,价值趋于立体化。很多人不屑于满街都在用的街货品牌,我就与众不同,我就独立特行,我就喜欢小而美的品牌,怎么啦!韩寒就是这群人文化价值观的代表。

最后,订制化商业模式的出现,彻底让流水线生产的LOGO品牌无路可逃。订制,是更显我身份和价值的一种消费体验,是建立在品牌之上的一种消费态度。

我们的营销思维怎么来应对这种品牌去LOGO化的冲击?

以用户为需求的产品开发思维。只有让用户尖叫的产品,才不怕用户的评价与口碑;只有抓住用户痛点的产品,才会让用户对大品牌说拜拜,追求自己的最爱。只有让用户参与开发和建设的品牌,才会让他乐在其中,向周围的朋友祥林嫂式推荐。

## 祥林嫂式地推荐

祥林嫂想必大家都知道,鲁迅笔下的一个特征鲜明的人物形象,她逢人便开始讲她儿子阿毛被狼吃掉的经历:"我真傻,真的。我单知道下雪的时候野兽在山坳里没有食吃,会到村里来……"如果把她儿子阿毛比作是一个品牌,祥林嫂参与了建设这个品牌,并为此付出了很多心血。

如果我们的品牌让用户也参与一起开发和建设,用户们毫无疑问会自己首先购买,然后也会像祥林嫂一般向周围的朋友们推荐。我们周围有没有这样的

# 第三章
## 打造超级盈利的利器

祥林嫂？有。笔者一个朋友对 JEEP 车品牌所代表的越野精神非常崇拜，不光自己买了一辆，每次朋友聚会谈车，都会向没买车的朋友推荐 JEEP，如果有人说 JEEP 的不好，他会和对方争论得面红耳赤。

笔者自己也当过祥林嫂。早几年天涯社区非常火爆的时候，我自己几乎天天泡在社区里，只要和朋友讨论到天涯社区，立马劲头十足，对天涯发生的热点时事如数家珍，也极力鼓动朋友去泡天涯，感觉那个时候的自己就像祥林嫂一样，逢人便说天涯。

## 评论就是导购员

如果说网易在四大门户中还能占据一席之地，更多的是依赖它的跟贴和评论。很多网友上网易不是为了看它的新闻，而是看网易网友们千奇百怪的跟贴，不得不令人赞叹草根网民的智慧，更为他们的智慧忍俊不已，捧腹大笑。

京东不让一淘抓取它的用户评价，因为这是京东最核心的资产之一，尤其在大数据挖掘主导营销的今天，用户对商品评论的重要价值不言而喻。

淘宝对于电商行业最大的贡献不是建立起一整套的诚信体系，而是让好评、销量、评价等指标成为衡量一个品牌是否受用户欢迎的量化标准，而且让这个标准非常透明化。

网友对商品的真实评价，形成对我们产品的倒开发机制，即先了解用户的痛点，然后再鼓励用户参与建议和开发，最后让品牌占领用户的心智高地，这就是典型的互联网思维营销。

用户对我们品牌的评论是多方面多角度的，有对产品功能的不满，有对包装的不乐意，有对服务的吐槽，还有由于地区的差异对我们品牌的不认可，这些对我们的品牌都具有非常重要的价值。

举个简单的例子，大家都知道做菜时油放少点，有利于身体健康。这个概念在大城市是适用的，但在湖南的湘北农村根本行不通。在湖南农村，你请客

# 出位

## 如何用互联网思维破除瓶颈

人来家里吃饭,对客人诚不诚心或者对客人尊不尊重的一个重要标准,就是你菜里放的油多不多。如果一盘菜吃完,盘底还留下很多油,那说明你对客人是诚心的招待;反之,如果吃完菜盘底留下的油很少,那你对招待这个客人是没有诚意的。

所以在湖南市场,就不能简单从健康的角度去卖我们的食用油,可能从油品的色泽、更挂瓶等角度来诉求会更有效果。

互联网的出现,扁平化的沟通方式,让我们离用户更近了,那就更需要我们静心来倾听用户的评价,因为里面埋藏着一座大金矿。

### 用户个性化订制——从你有什么到你能满足我什么?

消费者对品牌的态度,从你有什么到你能满足我什么?

消费者希望通过品牌来实现自我,而不是定义自我,他们希望对产品进行再创造,使之成为其专属产品。

这是互联网出现后,消费者对品牌态度的明显变化。

冯小刚电影《私人订制》在2014年春节档的热播,很多品牌从中嗅到了个性订制所带来的巨大商机。随着人们生产水平的提高,为了彰显消费个性化,越来越多的用户认同这种个性订制的消费观念。婚纱、钻戒、家具、服装等行业的私人订制已经非常成熟。

海尔,这头曾经的家电业大象,近年来饱受互联网行业的冲击,也迈出了坚定的转型步伐。据媒体报道,海尔天樽空调是其转型做用户订制的第一款产品,从天樽空调的产品开发、制造流程、送货体验,用户可以全程监控。产品的所有相关方都可以在用户交互平台上,与用户进行产品的创意交互,天樽这个名字甚至都是由网友想出来的。这款售价高达近2万元的空调,曾经通过电商平台卖出了单天1228台的成绩,销量超过海尔电商渠道高端空调一年半的销量。

未来的十年,肯定是C2B高速发展的十年,任何企业和品牌都不能无视个

# 第三章

## 打造超级盈利的利器

性订制的存在。

树先生,就是一个中高端的个性订制礼品茶品牌。

我们在为其提供咨询服务时,详细研究了市面上众多礼品的标签及推广策略,发现了一个市场需求而又未被挖掘的消费者痛点。

那就是儿时的乡愁。

从90年代中期开始,随着中国社会经济的发展,交通也越来越便利,中国城镇大规模的人口迁徙开始。大量的新生青年从农村和小城市涌向沿海及北上广等大城市,年轻人再也不遵从老一辈在一个地方生活一辈子的传统观念。打工的,读书的,这些代表中国中坚力量的年轻人们,再也不愿意回到父辈们生活了一辈子的地方,乐意享受大城市的精彩和便利。

每年春节全国大规模的人口迁徙,就是这个趋势最有力的例证。

年轻人,离乡土越远,思念之情就越浓盛,那个再也回不去的故乡,只能停留在自己梦里和儿时的记忆里。

他们需要一个产品来寄托儿时的记忆。

我们选择了茶。

树先生。

树先生的茶,是对孩童时那缕乡土清香和绿色记忆的收藏。

如果过去是一江春水,那么你我的故事,就是此刻杯间的一缕清香。门前的小溪,屋后的群山,在炉红汤沸后,绽放所有似水的年华。

我们建议首先切入礼品订制市场,2014年春节前,树先生上市,只是靠朋友间的口碑传播推广,没有投放一分钱广告,仅一个春节档期,销售额达200多万元。凤凰涅槃中,树先生快速收获了品牌与市场。

# 出位

### 如何用互联网思维破除瓶颈

# 第四章

# 我们掏的是谁的口袋

每个女人都希望拥有一个完美的男神,这个男人又帅、又高、又温柔、又有钱、又有超能力、又有知识、又有六块腹肌,懂法、懂医、懂历史、懂投资、懂理财、懂女人,上辈子下辈子在你危难和需要的关头立即出现。如此完美的男人,在现实中是不可能有的,只能在梦里了。

品牌就是一个造梦工程。

魔力标签，不同意定位的观点

## 第四章

### 我们掏的是谁的口袋

一切都变了。

一个春暖花开的周末午后,家住广州天河的黄小姐,慵懒地躺在阳台摇椅上用 ipad 收看最近大热的韩剧《来自星星的你》。剧中女主角千颂伊千变万幻的服饰搭配引起了她强烈的兴趣。

她打开淘宝首页,网上已经铺天盖地热卖千颂伊同款服饰,经过一番比较和查看卖家信用,她选中了几款大受网友们欢迎的衣饰,轻松用支付宝下单。

第二天下午,她收到了快递过来的衣服,在镜子前美美地试穿了好几遍,憧憬着明天办公室同事们艳羡的目光。

以往周末这个时间点,她不是在天河城逛街,就是在去天河城逛街的路上。

互联网改变了生活。

京东告诉我们,原来家电也可以在网上买;

爱奇艺告诉我们,再也不用掐着点追看电视剧了;

百合网告诉我们,对象竟然也可以网上找。

改变的不仅是生活,还有各行各业。

传统旅行社被携程打击得无招架之力;

卡片相机早已被智能手机给逼死了;

百度踩着唱片公司的尸体正高歌猛进……

还有无数的行业,金融、家电、零售、出版、教学等都被移动互联网颠覆或正颠覆着。

是时候改变了，用突破性创新的互联网思维来打造你的品牌。

去哪儿网是基于传统旅游业的创新；

微信是基于社交沟通工具的创新；

乐视 TV 是基于产业生态链的创新。

消费者行为模式改变了，以前大家都去商场逛街购物，现在只要在网上轻点鼠标就能满足你无穷大的购物欲望。

媒介环境变了，以前大家都掐着时间守着电视追电视剧，现在无论在地铁公交，还是中午晚上随时随地用手机看电影。

信息来源的渠道变了，以前大家看广告为了获取商品信息，现在大家看点评判断商品是否热卖畅销。

一切都变了。

改变，从思维开始。

## 魔力标签——不同意定位的观点

以最具创新精神的互联网思维，打造品牌，颠覆营销，忘掉定位吧，魔力标签才能使品牌永生。

长城汽车旗下哈弗品牌定位于 SUV，可哈弗近几年的飞速增长得益于 SUV 品类的增长。当互联网企业跨界做汽车，哈弗的优势将荡然无存。

艺龙定位于酒店预订，消费者能在携程一站式平台订好酒店、机票、门票、租车等服务，为什么还会单单跑去艺龙订酒店？

定位，适合于传统营销环境下的某些行业。在移动互联时代，行业与行业

# 第四章
## 我们掏的是谁的口袋

之间,品类与品类之间,越来越趋于无界。创维电视定位于电视机制造,小米、乐视、爱奇艺等互联网新贵一脚踏进来,让创维心惊胆战。

标签,给品牌贴上独特的魔力标签,是互联网时代打造品牌的快速方法。

### 什么叫魔力标签?

世界上没有真相,只有认知。

> 魔力标签是消费者对品牌的一种心智认知,这种认知不是对产品卖点和核心价值的识别,而是品牌在消费者心目中的标签,是消费者对品牌精神层面的价值认同和共鸣。

魔力标签,能够让用户迅速理解品牌精神价值。更重要的是魔力标签是属于品牌的,更是属于用户的,彼此乐意为品牌建设出力,添砖加瓦。魔力标签不是贴在品牌身上的一个符号,是品牌与用户精神相通的媒介,是以用户体验为核心的精神层面的交流。

> 魔力标签分两个词来理解,标签和魔力,核心关键词是魔力,一定让消费者在精神层面死心塌地地追随你,才是有效的魔力。

举个例子:乔布斯时代的苹果,魔力标签是完美。追求对产品的极致完美体验,这种追求完美的精神,让果粉们对乔布斯疯狂的崇拜,以及对苹果产品宗教式的膜拜,形成苹果品牌与果粉们在精神层面的互通。

无论苹果出什么样的产品,果粉们都会在第一时间迫不及待想得到。失去了乔布斯的苹果,好像不再坚持完美产品总是出现这样或那样的吐槽点,被竞争对手赶超也只是时间长短的问题。

# 出位

## 如何用互联网思维破除瓶颈

在定位理论里，品类的跨行、跨界、延伸是兵家之大忌，是碰也不能碰的一个禁区。

但只要给品牌贴上魔力标签，跨行、跨界是值得鼓励的行为。

英国的维珍集团，旗下200多家公司，从唱片、航空、铁路、电信、卖场、婚纱、影院、金融、安全套、可乐……统统打上维珍的LOGO。而且每个品类都做得很好，维珍可乐在欧洲的销量甚至超过百事可乐。

这是因为，维珍的创始人布兰森给维珍品牌贴的魔力标签是"冒险"，粉丝们为它所倡导的冒险精神打动，不管维珍卖什么产品，都有大量粉丝拥趸。

前面我们所提到的艺龙和携程，艺龙给自己定位是酒店预订，理由是专注于酒店预订，可以获取供应商最低折扣，渠道链达到最优化，资源集中投放。是，没错，这些理由都对，从这个角度来看艺龙，艺龙还是一个以产品为导向的品牌。我能获取最低供应商折扣，我能很好地进行渠道链优化，我能……

等等，等等……

好像哪里不对，这里唯独缺了一个重要的对象——用户，你单单为用户提供最低价的酒店预订有什么用呢？

旅游是个一系列的商业活动，便利、省心而又省钱地一站式解决用户的需求，才是用户最核心的真正需求。

一个消费者想出去旅游，先在A网上租个车，B网上选好目的地下载好攻略，再上C网买门票，再到D网上找美食，再去E网上订房，然后再把途中拍的照片放在F网上分享，这样下来估计他的出游不会收获太多美景……

就好比一个家庭主妇去超市购物，她更倾向于去大卖场，因为她能推着购物车一次性把所有生活用品全搞定，她会为了城东的哪家小超市的牛奶比这大超市便宜一块钱去特意跑一趟吗？不会。

携程就抓住了用户需求的核心，它给自己贴的魔力标签是省心，一站式旅游解决方案，机票、酒店、景点、租车全解决。如果携程将产品延伸到快捷酒店、

# 第四章
## 我们掏的是谁的口袋

打车软件,那也不奇怪,消费者会认同这个魔力标签,继续享用携程所提供的便利服务。

## 寻找魔力标签的四种路径

怎样为品牌寻找魔力标签,这个就是品牌营销人的价值所在,有方法,但也不要被无效的标签遮住了双眼。

### 为自己贴标签

这里的"标签"是基于对产品、消费者、业务、行业、竞争对手的洞察,找到相关属性,再进行品牌精神升华。

一切标签,都是以用户体验为原点。在线旅游OTA本身就是一个整合各项资源服务用户的行业,行业属性就是为了让用户在旅途过程中省心省钱便利,所以携程贴上了省心、便利、一站式旅游的魔力标签。

仅仅贴个标签是不够的,为了打上这个烙印,携程果断收购驴评网、星程酒店、飞常准、易到用车等上下游旅游生态链。通过布局在线旅游生态链的整合,携程一扫以往的颓势,走上了发展的快车道。据携程公布的2013年报显示,当年净营收54亿人民币,同比增长30%,净利润达到9亿元,同比上升40%。

再举一个例子,茵曼,一个纯棉麻原创设计女装电商品牌,在淘宝数以百万计的女装品牌中,以"慢生活"的独特魔力标签脱颖而出。

都市女性工作生活忙碌,身心疲惫,节奏快,压力大,那种亲近自然、过上不被时间追赶的理想生活只能在心底荡漾。

茵曼所倡导的文艺、民族、自然、亲近、慢生活的标签引起了这群女性的共鸣,现实中的缺失,用精神来补缺,就像我们喜欢旅游,但没时间,只能以翻翻旅游杂志聊以慰籍。

## 为社群贴标签

在传统的人际关系维系中，人是通过以家庭和社会关系来进行交际。亲人、朋友、同事，同学这些构成了人们日常交际往来的主要活动范围。这是因为人是生活在以时间和地点为载体的时空结构中，活动空间决定了人际关系以时空为中心。

互联网的出现，改变了人类的交往形式，人们通过互联网论坛、QQ群、微信、微博、豆瓣等一系列虚拟社交工具，实现了按兴趣划分的社群。

例如，豆瓣上有各种兴趣小组，爱好音乐的，爱好电影的，爱好文学的。他们可能在现实生活中从没有见过面，但在网络中他们拥有共同的兴趣爱好，他们以不同的兴趣爱好社群来聚集交往。

你身边的一个极其普通的同事，说不定在网络游戏里叱咤风云，在这个虚拟的社群里被无数小弟前呼后拥尊为大哥。还有那个坐在公司角落，似乎已经被同事遗忘的女孩，在网络上说不定是个大名鼎鼎的穿越小说写手，在网上被无数粉丝点赞崇拜。

互联网上充斥着这样无数的大大小小社群，为这些隐藏在用户内心深处的，具有相同情感特征的社群贴上魔力标签，然后与我们的品牌精神意会相通，让他们觉得，"天啦，这就是专门为我而生的品牌"。

屌丝、白富美、高富帅是网民对不同阶层社群的称呼，同时也是一系列鲜明的标签，他们拥有共同的群体特征，共同的精神理念，共同的消费行为及形态。

可口可乐在2013年发起的品牌年轻化运动，最重要的一项营销举措就是昵称瓶，可口可乐将每只瓶身印上"邻家女孩"、"大咖"、"神对手"、"亲"等网上流行的社交词汇，来博得消费者的认同感。

不止是针对大众化流行订制，可口可乐还为名人个性订制印上相应的气质标签，例如为易建联订制的是"大咖"、给姚明订制的是"神对手"。再通过

# 第四章
## 我们掏的是谁的口袋

社交网络的发酵传播，引起全城关注。有不少网友在网上展示自己全套的可口可乐昵称瓶，可见这次营销在年轻人中受欢迎的程度。

小米给自己社群贴的标签是"发烧友"。在我们周围，你用心观察下，会发现有这么一群数码发烧友，他们不修边幅，衣衫不整，在现实生活中不善于言辞，不喜欢社交，整天呆坐在电脑前。这群人大部分从事的是IT、机械、研发等技术类工作，他们是典型的技术宅男。

可他们在网络上却异常活跃，论坛、QQ群是他们交流技术的主要家园阵地，他们对专业及技术大佬们无比崇拜。他们是每一种数码新产品的尝鲜者，现实朋友圈交往中他们显得沉默内向，但一旦和他们聊起专业和技术就滔滔不绝。

他们对各项数码产品功能参数了如指掌，并且非常乐意为周围的小白们普及数码知识。他们是亲人、朋友、同学眼中的数码达人，无论是购买还是维修都会征询他们的意见。

笔者身边就有这么一个技术宅男，MIUI最新版的操作系统刚放出来，就迫不及待地刷机更新。连续刷了十多次后，系统自动弹出一句话："求求你别刷了，耐心等待几分钟，拜托，拜托！"相信和他同时迫不及待在刷机的用户，绝对不在少数。

### 为对手贴标签

为对手贴魔力标签，乍一听好像是在为别人做嫁衣。

肯定不是！

这是一种非常出位的策略，也是一种投机取巧的做法，其核心就是通过对竞争对手的反定位，来衬托自己的魔力标签，这种方法一般适合新品牌新品类的上市，或者是跟随者品牌挑战行业老大。

五谷道场，是前几年一个很火的方便面品牌。当时的方便面市场前三位牢牢被康师傅、统一、今麦郎所占据，留给后来者进入市场的机会已经很小。

五谷道场以挑战者的姿态进入，没有出众的产品，没有出位的概念，成功

# 出位

#### 如何用互联网思维破除瓶颈

的机会几乎为零。

通过市场调查发现，方便面在人们的心智中都是将其作为一种辅助性的临时充饥食品，都了解其营养价值不高，不能替代主食。网络上流传一句对方便面调侃的话："我TMD都吃泡面了！我还在乎健康吗……"现在的人们越来越崇尚食物的绿色健康，对油炸食品也敬而远之。

五谷道场在这里面看到了机会，将方便面食品市场分为二类，油炸和非油炸。五谷道场标榜自己是非油炸，更健康，为竞争对手贴上了油炸的标签。这个概念标签的横空出世，无异于在方便面市场投放了一颗原子弹，彻底将对手们给爆晕了。硬生生在三大巨头牢牢把持的方便面市场中撕开了一道裂缝，一时间让对手们手足无措。

不过，后来由于竞争对手联合起来对五谷道场进行行业和渠道双重打击，加上五谷道场企业内部管理的问题，五谷道场方便面如昙花一现，留给我们如灿烂星空那一刹那间的光芒。

相反，另外一个食品企业，走的也是为竞争对手贴反标签的策略，就走得相对稳健，获得了巨大成功。

我们在服务鲁花花生油时，通过市场调查发现，小包装油类的生产工艺分为两种。一种是纯物理压榨，将油硬生生从花生里面挤出来；一种是经过化学药品浸泡后，通过化学分解反应，再将油从花生里面挤出来。前者出油率少，但安全健康环保；后者出油率高，但有化学残留，长期食用会影响身体健康。

我们建议，将鲁花的5S纯物理压榨工艺作为核心标签，凸显鲁花品牌对用户负责任值得信赖的形象。通过为竞争对手贴反标签的策略，让消费者自己去判断哪种工艺更健康，哪个企业更对消费者负责任。

"5S纯物理压榨，非化学浸出。"一下子就把对手们推到了我们的对立面。物理压榨与化学浸出，不管男女老少，只要是有点常识的消费者，哪种工艺更健康，一目了然。

## 第四章

### 我们掏的是谁的口袋

为了不重蹈覆辙五谷道场的命运，鲁花将5S纯物理压榨工艺申请了国家专利，然后将工厂做成全透明的示范展示车间，让全国的消费者清清楚楚看到鲁花花生油生产工艺全过程，绝不是满嘴跑火车，胡编乱造。

暴风影音最近打出了"我们是老二，仅次于优酷"的反标签概念。在视频行业，优酷土豆是大家公认的老大，但到底谁是老二，用户不清楚。根据二元法则，一个行业最后占据大部分市场份额的肯定是老大与老二。

这是个聪明的概念，通过为同盟贴第一的标签，我认可你是第一，我来当老二吧。优酷也乐得高兴，反正你承认我是第一，我无所谓谁当老二，苦是苦了爱奇艺、PPS这些真正的老二，我总不能现在跳出来和暴风影音来争个老二的地位吧。

暴风影音凭借老二这个标签，实现了惊天大逆转，与优酷坐在了同一主席台上，老大，我甘愿当你的小弟。

为对手贴标签，还有一个好处是，会产生巨大的争论话题，在互联网时代，话题就是营销，眼球就是经济，这个会在后面的传播版块详细阐述。

### 跳出行业外贴标签

在移动互联时代，行业与行业之间的界限越来越模糊。五年前，谁会想到支付宝去做余额宝，一下子动了银行的奶酪。五年前，恐怕连马化腾自己也不知道，会出来个微信，直接秒杀短信彩信。五年前，谁会想到会冒出来个小米，搅乱手机业，同时令家电企业寝食难安。

要站在产业生态链的高度为品牌贴标签，而不是行业层面。QQ与奇瑞一直在争QQ汽车的商标权，为什么奇瑞QQ生产了那么多年，腾讯现在才出手，因为在互联网互通各行各业的今天，谁能保证腾讯以后不进军智能汽车业，一切皆有可能。

特斯拉没有在中国投一分钱广告，但大部分用户心目中，创新、不走寻常路，就是特斯拉的标签。贴上这个标签，网易的丁磊、小米的雷军、搜狐的张

# 出位

#### 如何用互联网思维破除瓶颈

朝阳、360的周鸿祎、汽车之家的李响,都已经预订了特斯拉。笔者可以断定,以后特斯拉的发展方向一定是基于创新智能、科技范的魔力标签去延伸产品,智能机器人、智能飞机、甚至智能轨道交通,都有可能是特斯拉下一步产品要延伸的方向。

**不要被无效的标签所迷惑**

围绕一个品牌,在广告宣传时,经销商、媒体、用户经常会主动给品牌贴上很多标签。有很多标签是无效的,那并不是品牌的核心,也不是用户所关心所需求的,千万不要被迷惑。

观致汽车,理应是一颗冉冉升起的新星。全新的品牌,豪华高管团队,最强的资源整合,所有人对它都抱以厚望。观致3在2013年日内瓦第83次车展上首发便惊艳全球,国内外媒体对这款车的赞美不吝其词。

可是,观致3在国内的销售只能以"惨淡"二个字来形容。提起观致3汽车,你能想到什么标签?什么都没有。在观致3的广告宣传中,一直强调自己通过欧洲新车安全测试五星碰撞获得年度最高分,动力配置如何如何。

观致的高管也一直强调自己是豪华高管团队配置,最强的资源整合,有用吗?没用!用户根本不关心这些,况且你根本没有找到自己的用户在哪里,观致3在广告宣传里面的标签是无效的。

另外,还需要区分销售卖点和魔力标签这两个不同的概念。独特的销售卖点或核心价值不是魔力标签。

> 魔力标签,可以是一个词,一个符号,一句话,但一定是被用户认可,并能够心意相通的,在精神层面满足用户需求,引起共鸣的。

## 第四章

### 我们掏的是谁的口袋

我们在给企业作咨询时,企业很容易将营销词典里的核心价值或者独特的销售卖点和魔力标签搞混淆。

可以用下面这段话来甄别核心价值与魔力标签。

> 核心价值对于用户来说是一种功利性的利益,但他对你没有感情;而魔力标签是让用户对你有感情。核心价值可以被复制和模仿,而魔力标签是属于心智层面的,你很难改变用户的心智认知,如果要改变,要付出非常大的信赖成本。

魔力标签可以从产品层面去寻找,例如鲁花花生油,5S纯物理压榨工艺,这个是品牌卖点,但不是品牌的魔力标签,它的魔力标签,是健康和信赖。核心价值和卖点是可以被对手攻击和复制的,但魔力标签对手没法复制和攻击。

魔力标签也可以从用户的使用层面去寻找,例如茵曼的慢生活,纯棉麻料的衣服谁都可以做,但一旦用户在心智里面认可了茵曼的慢生活,别的品牌就没法进入了。

魔力标签是一种组合形式,没有哪一个品牌能脱离产品,将品牌形象捧往高高在上的空中神坛,这样的品牌总有一天会摔下来。

产品 + 精神 = 魔力标签

例如,可口可乐的魔力标签是神秘配方(产品)+ 欢乐(精神);

鲁花花生油的魔力标签是 5S 压榨工艺(产品)+ 信赖(精神);

携程的魔力标签是一站式旅游解决方案(产品)+ 无忧(精神)。

为什么笔者在这里用了这么大的篇幅来阐述魔力标签,因为魔力标签对于品牌来说,非常的重要。可以在品牌受到公关危难的关键时候拯救品牌,可以为品牌在品类延伸上指引方向,可以避免品牌陷入价格战的泥潭。

## 信赖成本——因为一个人，爱上一座城

还是从一个场景开始。

还是那个小美，她在珠江新城一间高档会计事务所工作，不菲的薪水，平时购物足够让她不屑于那些国产或不知名的品牌。尤其是化妆品，非国外名牌不用。

可是她在浏览购物网站时发现，有个叫御泥坊的化妆品品牌，销量一直很好。周围好像也有很多朋友在用，可是小美从来没有在电视杂志地铁上见到过它投放的广告。

她点击了好几个购物网站，发现御泥坊的销售量都名列前茅。她查看买家评论，网友们对产品不吝赞美之词，微信朋友圈也有闺蜜在分享使用御泥坊的使用心得。小美还通过搜索百度，很多媒体对御泥坊的评价都是正面的报道。

御泥坊是个什么样的品牌？小美想试试，就尝试性地购买了一瓶。整个购物体验非常好，精美的包装，美白效果好，意外惊喜的小礼品，贴心的售后跟踪，都令小美很满意。从不使用国产化妆品的小美，对御泥坊从不信任到信赖，从不了解到主动搜索，成为了御泥坊的忠诚顾客。

从小美购买御泥坊的过程我们可以发现，互联网的出现已经改变了用户购物体验的各个触点。

首先小美从没见到过御泥坊的广告，一个从来没有受到广告影响而产生购买的购物行为，这在传统营销时代是不可想象的。其次，黄小姐也没有在线下的商超专柜见到过该品牌，足以让很多消费者对它品牌的信赖产生了怀疑。

单从这两点来看，御泥坊要攻下小美这个高傲的消费者，在传统营销时代

## 第四章

### 我们掏的是谁的口袋

几乎是个不可能完成的任务。

但是,在互联网时代,这个奇迹出现了。

小美竟然选择了御泥坊这个国产品牌,并且购物频次还非常的高。

我们来研究小美的购物过程。一个她从未听说过的品牌,要想让她产生购买行为,可能要付出非常高的攻克成本。因为对于用户来说,她购买要付出两部分成本,一部分成本是金钱,她要从自己腰包里掏出真金白银获取你。第二部分成本是对你品牌的信赖成本,一个从没见过的品牌,她要付出多大的勇气才能劝自己去认可?

金钱成本对于消费者来说还好,她们的收入足以支撑起该项支出。信赖成本就不同了,消费者要攻克自己去认可你,非常难。为什么大家都要做品牌,品牌的目的就是为了降低用户的信赖成本。

小美在不了解御泥坊品牌时,这时候用户要付出的信赖成本非常高。后来随着网友的评价,媒体的报道,朋友的推荐,一步一步在削弱小美的信赖成本,小美越来越认可这个品牌,御泥坊所要付出的争夺成本就越来越低。

当用户体验产品后,非常满意,这时候的用户的信赖成本变为零。如果用户体验不好,品牌在用户心里的成本又会急速上升。小美在购买这个品牌过程中,除了付出金钱的成本,更重要的是付出了信赖成本。

### 什么叫信赖成本?

> 信赖成本的定义就是:用户在购买产品所要花费的认知、了解、体验、信任成本,这个过程越长成本就越高,这个过程越短,成本就越低。因为用户购买一个产品是有风险的,除了付出金钱的风险,还要承担不满意,影响心情、家庭关系、社交的风险。

# 出位

### 如何用互联网思维破除瓶颈

**营销的本质就是降低品牌在用户心目中的信赖成本**

信赖成本是一个动态的过程，存在于用户购物体验的全过程，这就需要我们360度为用户创造全方位的用户体验。

因为在购物体验中，交通、天气、购物环境、心情、物流、导购、客服、包装、售后无一环节不受信赖成本的影响。

我们营销所做的一切努力，都是为了降低用户的信赖成本。

信赖成本的研究，为我们品牌传播、品类延伸、渠道的选择提供正确的指引方向。

企业为品牌聘请代言人，就是借助名人的知名度和美誉度，降低用户购买的信赖成本。

运用互联网进行话题炒作，调动微博大V、行业领袖为品牌做推荐，也是这个道理。

找到用户与品牌体验的触点，然后再将这些触点一一以降低信赖成本的指标来考量。

品牌的力量将随着人们能够获取免费信息的趋势而逐渐萎缩。营销人员需要重新评估品牌对消费者购买决策时的影响力，他们宣称，当消费者可以通过用户评价、专家意见或者社交媒体等更好的渠道获得产品质量信息时，品牌就显得没那么重要了。

不是品牌不重要了，而是人们获取品牌讯息的途径变了，人们购买产品的方式变了，人们享受服务的心态变了。

怎么样将降低用户信赖成本的理论运用到我们实际的品牌建设和营销工作中去呢？

## 降低信赖成本的方法

### 产品功能——满足用户独特需求

消费者在超市购物或者网购时，她（还是以前文的小美为虚拟用户）对产

# 第四章

## 我们掏的是谁的口袋

品品类功能就有了基本认同。例如饮用水，她口渴了，想买一支水解渴。她就会在几个品牌中选择：怡宝、农夫山泉、娃哈哈等，因为这些品牌肯定值得信赖，是安全健康的。

一个新品牌，要进入到消费者的这个选择心智中，是非常难的，因为她不信任你，购买你需要承担很大的风险。如果你告诉她，我虽然是个新品，但是我的水源地取自西藏珠穆朗玛峰，是绝对安全环保无污染的。好了，消费者会对你另眼相看，但还是不会选择你，因为我不信任你。

产品功能的独特销售卖点，降低了一点用户的信赖成本，但还不够，信赖成本远远大于她购买你所要付出的信赖。

信赖成本在这里给我们的营销启发：企业在产品开发阶段就要将满足用户差异化需求的营销理念融入进来，除却品牌的因素，不妨自问下，我和其他产品有什么不同？用户为什么要购买我？

### 领袖或者广告代言人

小美在产品的包装上见到了李娜的头像，原来企业请了李娜做品牌形象代言人。她在想，能够请李娜做代言人的，应该说企业的实力还是不小，何况李娜也会对品牌进行考察，不会随便代言。小美对品牌的信赖度增加了，觉得至少喝了不会影响身体健康，应该说是可以信赖的。

但这些还不足以劝导用户将你放在购物车里，虽然尝试你的成本降低了，她还没还有完全信任你。

要降低用户的信赖成本是非常吃力的，要利用一切可以借力的资源为品牌做背书，用户购买你，最难过的是自己内心那一关。请明星代言、领袖人物推荐、为品牌讲个传奇故事等都是可以考虑的方式。

### 销量与评价，降低尝试成本

小美在网上查询到这个新品牌销量还是不错的，网友的使用评价也很好。有很多网友发帖说去过该品牌的工厂参观过，确实水源地取自珠穆朗玛峰山脚，

# 出位

### 如何用互联网思维破除瓶颈

从没受人类污染过的净地。网友上传了大量图片，小美看到漂亮的工厂，整洁的生产线，每一个工艺要求都非常严格。

小美又在微信上问了几个闺蜜，大家都异口同声推荐这个纯净水品牌，说长期坚持饮用，皮肤也好了，肠胃也变轻松了。

果真如大家所说的这样吗？小美跃跃欲试。

要想用户尝试你，朋友和陌生网友的推荐比你的广告更有效，善于利用口碑的力量，让用户口口相传，是降低用户信赖成本很好的办法。

**购物体验与产品体验**

小美尝试性地在网上下单购买了一箱该品牌纯净水，送货上门的快递员小伙子非常有礼貌，穿着配送公司的统一制服，亲自为身材弱小的小美搬到厨房，然后把走过的地板擦干净才有礼貌地离开。

这些给小美留下了非常深刻的印象，打开包装，竟然还有惊喜！里面为用户赠送了二只可爱的水杯，非常卡通，一下就俘虏了小美的心，网上下单的时候并没有说有礼物相赠啊，这个小小的礼物顿时让小美对该品牌有了非常的好感。

纯净水的口感也非常不错，喝了几天感觉皮肤更水嫩，肠胃更舒适了。

互联网时代的购物体验是笼络用户忠诚度的重要手段，在每个环节让用户惊喜，让用户尖叫，这些品牌体验所带来的信赖成本的降低，会让品牌一直受益下去。

**售后与大数据挖掘**

此后每隔一段时间，该品牌就向小美推送一些养生健康的小知识，让本来就非常注重养生健康的小美很受用。

就在她的水快要饮用完的前一周，小美收到了该品牌的促销信息，购买一整箱送十支。

已经对该品牌产品和服务都比较认可的小美毫不犹豫又购买了两箱，也把自己对该品牌好的评价写出来发到了网上。

# 第四章

## 我们掏的是谁的口袋

只要用户体验和产品的功课做足，用户的信赖成本已经变为零，这个时候只要一些小小的促销触发，用户会果断再选择你。以后的用户重复购买环节，所要付出的成本就非常低了。

所以说，我们构建品牌时，要将降低用户的信赖成本这个理论运用到营销的每个环节，才能取得最大的营销效果。

魔力标签和信赖成本的结合，为我们产品研发环节和品类延伸提供了理论依据。

## 背叛成本

想必大家都有过类似的经历，身边的朋友出轨了。男的，大家会劝他说："咋这么不小心呢，安全第一啊，来来来，我教你几招，下次得注意了……"而女人的闺蜜和长辈们有意无意在为男人开脱："男人本来就没一个好东西，别生气了，肯定是那个骚狐狸精勾引他，要怪就怪那狐狸精……"

换成女人出轨，男人们斩钉截铁："给你带绿帽子的女人绝对不能要了……"而闺蜜们则是一个劲地摇头："唉……你咋这么糊涂呢……"长辈们更是不能容忍，女人的脊梁骨都快被街坊们要戳穿了。

看看吧，这就是社会现实。男人的背叛，会得到社会的开脱，导致男人的感情背叛成本低。而女人就不同了，不光面临经济的压力，还会受到来自社交人群铺天盖地的道德审判，背叛的成本太高了。文章出轨，马伊琍这么强势的女人都选择了原谅他，在这场绯闻中，面临最大压力的是小三，姚笛。

背叛成本，是男女在面临出轨诱惑时考虑得最多的因素。

消费者对品牌的忠诚度也可以用背叛成本来考究。传统营销时代，品牌与消费者是卖和买的关系，品牌与用户之间是没有感情的，是很功利的买卖关系。消费者买格力空调，是冲着格力空调掌握核心技术，质量好这个核心卖点去的，对格力空调并没有感情。如果美的说我也掌握核心技术，我并且只要1度电，而且比格力还便宜200块，消费者立马翻脸转向美的。就像逗小孩一样，谁给他糖吃，他就给谁抱。

还有很重要的一点，传统营销闭环里，消费者和品牌是"一夜情"的关系，在购买前和购买后都没有交集，做的是一锤子买卖。品牌和消费者根本谈不上感情，大家交易完了，各自转身拍拍屁股拜拜。

所以，用户把自己与品牌定位于赤裸裸的交易关系，这种关系下，用户背叛品牌的成本为零，他既不用付出双方契约精神的金钱成本，也无需支出具有心理背叛的感情成本。无论之前发生过多少次购买，只要其他品牌有低价诱惑或者其他核心价值劝诱，用户立马会弃你而去，绝不回头看一眼。

那么，如何提高用户的品牌忠诚度？发生关系，让用户与品牌发生关系，让用户与用户发生关系。

让用户与品牌发生关系。品牌不止是和用户沟通，而且让他参与产品的研发，为产品功能实现出谋划策。海尔天樽空调，名字是从网友的投稿中征集出来的，LOGO的设计也是网友贡献的，而且在技术上很多功能的实现，都融入了网友的智慧。用户与品牌发生关系，本质上就是让用户参与品牌体验的全过程，小米是这样做的，海尔也在这样做，未来更多的企业和品牌都会这样做。

让用户与用户发生关系。为什么很多街坊在一个地方住久了不愿意离开？因为有一帮日夜相处的老街坊，日子久了，大家有了感情，就不愿意离开。品牌和用户沟通，品牌还要创造一个平台，让用户彼此之间沟通交流，这样的交流对品牌有着非常高的价值。线下会员俱乐部、定期粉丝节、互动见面会、高峰论坛交流等，都是建立用户与用户感情的很好手段。

提高品牌忠诚度要循序一个原则，多和用户沟通、交流，多让用户参与，品牌和用户的体验触点多了，用户自然和品牌就有了感情，用户与用户之间也有了感情，背叛成本随之变高，品牌忠诚度自然提高。

# 第四章

## 我们掏的是谁的口袋

# 宗教式品牌的建造
## ——不要从跪拜到拜拜，要从崇拜到膜拜

潮流人士穿着与众不同的服装，听着与众不同的音乐，这都是表象，他们真正想表达的是自己与众不同的思想和生活方式。

### 商业世界的两极化，满足大众和满足个性需求

《纽约客》最近发布的一篇文章认为，互联网可能让品牌变得不重要，因为用户可以在互联网上获得该产品的一切信息，如用户的评价、销量的排名、朋友圈的推荐等。品牌不再那么控制忠诚度，这使得作为一项营销宣传投资的品牌宣传不那么有效。其中的寓意显而易见，想要获得用户的认可，应该把更多的资金花费在建立和宣传好的产品上，而不是花在建立和宣传品牌上。

笔者只同意文章中的部分观点，不同意文章中对品牌忠诚度的看法。

是的，互联网的出现，品牌好像显得没那么重要了，因为朋友推荐，销量排名，用户评价，都是可以量化的衡量一个产品是否受欢迎的标准，但这都是冷冰冰的指标，品牌与人，就像人与人之间，是有感情的，是有共鸣的。

我们身边经常会出现这样的情形。

闺蜜们围着一个女孩苦口婆心的劝导："你不要再和他交往了，他是个大骗子，骗你的身体，骗你的感情，骗你的钱财，他打架斗殴，身边的女人走马灯似的换，你为啥就偏偏喜欢他呢？"被劝告的女孩倔强地紧咬着嘴唇，眼里含泪："可他曾经真的对我很好，我离不开他。"

"唉……"闺蜜们摇头头。

# 出位

## 如何用互联网思维破除瓶颈

这一幕,是不是很熟悉?

人性是个很复杂的东西,女孩明明知道他是个大骗子,可还是飞蛾扑火,奋不顾身。人与人如此,人与品牌也是同样的道理。

我们天天埋怨我们的国家,这也不好那也不好,一旦国家有难还是会毫不犹豫站出来,维护国家荣誉。

每个品牌都要有自己的独特气质和精神追求,引起和消费者在思想上的共鸣,用户才会死心塌地追随你。苹果的品牌精神是追求极致完美,果粉们被乔布斯的完美精神所感动。维珍的品牌精神是冒险,敢于挑战,敢于颠覆,赢得了用户崇拜和尊重。特斯拉的品牌精神是创新,天马行空的创意,实现用户对生活的憧憬。

传统制造业经历了市场的竞争,企业主们已经意识到品牌对产品发展的重要性。海尔的张瑞敏砸冰箱,星河湾的老板砸房子,都是坚持品牌是企业的第一生产力的表率。

随着互联网技术发展起来的互联网新贵们,似乎还没有意识到品牌的精神理念和用户互通的重要性。大家都在追求创新的商业模式,追求完美的产品体验,大家都在野蛮生长,走在制造行业曾经经历过的产品为王、渠道为王的品牌初级阶段。殊不知,商业模式可以模仿,对手也可以对产品奋力急追,只有品牌感情才可以和敌人拉开距离。当然,小米是例外,小米是有品牌精神的。

每一次行业的发展,都会涌现一批占据先机而迅速发展壮大的品牌,但行业的发展都遵从一个亘古不变的规律,那就是从快速发展到缓慢增长,再到下降轨道,一般三十年左右一个周期。

四大门户网站在网民中的影响力,早已不复当年。天涯社区,猫扑等BBS曾一度独领风骚,现在的年轻人,还有几个天天泡天涯?微信出来之前,刷微博是写字楼白领每天早上工作前必备的娱乐之一,现在呢?

有些观点认为,互联网企业是不需要品牌的,只要技术不断更新,布局全价值生态产业链,抢占独特的先发制人的商业模式。甚至品牌不需要LOGO,都

## 第四章
### 我们掏的是谁的口袋

可以活得很好。

诚然,互联网消灭了渠道,让用户与品牌得以面对面交流。但是,没有感情的交流是没有价值的,你看看明星的粉丝们,如果他们对明星没有感情,没有寄托,会做出那么多疯狂的举动吗?

小米是现在互联网思维中为数不多懂得经营品牌的公司,先建立品牌,拉拢用户,再制造产品或发展业务。小米的模式,是未来企业建立品牌必经之路。

试想一下,小米现在聚集了这么多的忠诚米粉用户,如果打造一个类似腾讯的平台,恐怕连腾讯都要颤抖了。小米放出要进军智能汽车和房地产的消息,让两个行业的大佬们整晚睡不着觉。

他们不是怕小米,他们是怕小米的粉丝。卖汽车的和盖房子的,还有做家电的,混了那么多年,都是做的一锤子买卖。用户交钱,买单,销售过程就结束了。

他们惧怕小米拥有的那么多铁杆粉丝,无论小米做什么,粉丝们都会一呼百应一拥而上,这是什么,这难道不是品牌的力量?

小米懂得和用户沟通,小米懂得和用户在情感上交流,小米理解用户的痛点、泪点、G点,小米让米粉们觉得它是身边的、可以交心的,值得信赖的小伙伴。

> QQ的会员有忠诚度吗?没有!
>
> 百度的用户对百度有感情吗?没有!
>
> 阿里的用户对阿里有心里话要说吗?没有!
>
> 米粉们可以为某个网友在论坛上骂了小米挺身而出约架,"来,今晚8点,我们去朝阳公园门口打一架!"
>
> QQ的用户们遇到这种情况,可能会说:"同意你的观点,来,我们去酒店开房约炮!"
>
> 阿里的卖家们遇到这种情况,可能会踊跃捐赠汽油,我捐5L、你捐10L、他捐15L……

没有精神契约的品牌是没有未来的，没有粉丝的品牌是不会走得太远的。

可口可乐的工厂一夜之间被烧毁，粉丝们可能一夜之间捐款帮助它重建工厂。

中国的企业一夜之间倒闭，只会成为吴晓波笔下大败局中又一个经典的失败案例。

像打造娱乐明星般去打造品牌，是宗教式品牌构建的捷径之道，有没有发现，明星们的粉丝忠诚度是最高的，追星族的疯狂简直为常人所难以理解。

曾经有女粉丝追刘德华一直追到香港，以自杀威胁，只为求见偶像一面。

2014年春节前后，韩剧《来自星星的你》在中国火得一塌糊涂，南京的女粉丝们自发捐款，花巨资在报纸上刊登整版广告，祝心目中的男神生日快乐，情人节快乐。

因为什么，因为梦。

如何每个女人都希望拥有一个完美的男神，这个男人又帅、又高、又温柔、又有钱、又有超能力、又有知识、又有六块腹肌，懂法、懂医、懂历史、懂投资、懂理财、懂女人，上辈子下辈子在你危难和需要的关头立即出现。如此完美的男人，在现实中是不可能有的，只能在梦里了。

品牌就是一个造梦工程。

米粉发烧友们，平时在办公室一坐一整天的技术宅男，梦想着用技术改变社会，可是没钱没资源没机会，只能为五斗米折腰，束缚在小小办公室为老板们打工。

小米给了他们实现梦想的平台，他们在论坛上为怎么样改进一个UI讨论得热火朝天。小米实现了他们的想法，他们感到自己被尊重，个人价值得到体现，逢人便说小米是如何如何的好。懂得尊重用户，带领他们一起实现梦想，是打造宗教式品牌的第一步。

尊重用户，用户就会懂得敬重你。

"尊重"品牌，是造梦工程的第一个关键词，只有把自己当屌丝，屌丝才

# 第四章
## 我们掏的是谁的口袋

会屈你。

传统商业环境中,卖家与买家是不透明的,买家没有卖家精。而互联网构建的商业模式中,卖家和买家面对面交流,不再雾里看花,透明度越来越高。

尊重你的用户,学会倾听用户的意见,蹲下身子和用户面对面交流,改进产品、改进服务、改进流程,用户受到了足够的尊重,就会真心提出亮点建议。用户肯停下来和你交流,就是品牌最大的福音。

### 理想主义精神

用户购买该品牌的商品,是想得到如品牌描绘里那理想般的完美境界,花钱来实现一个梦。

广告大师都说过:不要兜售书籍,而是要兜售文化;不要叫卖衣服,而是叫卖时髦;不要出售眼镜,而是要出售好的眼睛;不要出售紧身胸衣,而要出售苗条;不要卖洗发水,而要卖漂亮的头发;不要卖香槟,而是卖欢乐;不要卖房子,而是卖生活方式……

从产品特征的内在戏剧性中把它的卖点挖掘出来,不是卖你所有的,而是卖他们所想要的,不是卖牛排,而是卖煎牛排时的滋滋声。

小米的品牌精神是参与,发烧友们共同参与实现了用技术改变生活的梦想。

其实世界上哪有完美理想的东西,小米给发烧友们构建了一个永远也实现不了的品牌梦想,参与改变世界。多么虚幻的梦。

管理好一群人,最好的手段就是要在专业上让他们佩服你,管理好一群用户,最好的手段就是在精神上让他们折服,个人英雄就是这么制造出来的。

# 出位

### 如何用互联网思维破除瓶颈

## 粉丝营销——造梦、追梦、圆梦三步曲

所谓粉丝营销，其实媒体在渲染这个话题时偷换了一个概念，本质就是品牌的忠诚度营销，一种精神崇拜的产物。

梦想是圈住一群核心粉丝的有效手段。

首先你得造一个梦给大众，让大众来崇拜你，膜拜你。我们以小米的营销思路来分析，小米给大家造的梦就是，用追求完美的精神，做最好的、让大家不用卖肾都能买得起的手机。

**造梦——树立精神榜样**

我们来看看网上流传的雷军语录：

"创业是一种人生态度，创业就是要不断挑战自我的极限！人因梦想而伟大！我有机会实现自己的梦想，非常开心！"

"创新就是做别人没有做过的事情。但创新的风险很大，绝大部分创新最后都是失败。所以，我认为，创新的本质是不惧失败的勇气！创新还需要一个大环境：全社会理解失败者，宽容失败者。成王败寇这样的观点，是阻碍创新的因素。"

"把对手逼死，把对手逼疯。"

因为乔布斯是属于美国的，中国也需要一个乔布斯式的商业领袖，大众有这个需求，那，我——雷军，就来当"中国的乔布斯"。

来看看媒体对雷军为追求理想所执着努力的系列报道。

## 第四章

### 我们掏的是谁的口袋

> 雷军始终相信小米在做一件了不起的事情:"让自己骄傲,让家人和朋友骄傲,让整个民族骄傲。"此时的雷军将自己定位成"创业者",创业如同在悬崖跳舞,而这次,他孤注一掷。

雷军身上在追求梦想道路上所具备的狂热、百折不挠的精神,正是大众和媒体所需要的。

小米首先给大家造了一个梦,一个让中华民族为之骄傲和热血沸腾的梦。雷军作为一个已经成功者,能够为实现梦想从零开始,多少人自叹做不到,但我要坚定地支持他,因为雷军,就是每个人心中所藏的另一个自我。

**追梦——用户深度参与**

小米开放式的论坛欢迎所有人参与手机的设计、制造、技术研发、营销等环节,并且告诉大家,小米邀请大家一起来参与追逐这个梦想。

于是,一群热血沸腾的手机发烧友们,一群平时青春与梦想无处安放的技术宅男们,一头扎在小米论坛上,参与小米所打造的造梦工程。

小米也真正尊重这些逐梦者,不光虚心接受大家的意见,好的建议和点子直接采用。大到芯片CPU的配置,小到一张壁纸的设计,都让大家投票参与一起决策。

工程样机出来以后,免费送给大家试用,对发烧友们反馈的意见都极其重视,一点一点地改进。小米只是提供了一个平台,号召大家一起来实现这个梦想。

我们再看看韩剧的拍片造星模式:

韩剧《来自星星的你》制作理念就是互联网思维的极致发挥。

我们传统的拍电视剧手法是先将剧本写出来,然后花一年、两年或者更长的时间拍出来,然后在电视上播放。

# 出位

### 如何用互联网思维破除瓶颈

《来自星星的你》完全颠覆了这个模式，边拍边播，因为互联网如此发达的今天，两年前流行的元素或者剧情，到今天已经是可以压箱底的旧物了。

一边拍一边播，这样最大的好处是紧跟流行热点文化，最大限度地让观众参与剧情讨论，随时更新剧本，并且一周播二集的节奏，让观众有七天的话题讨论时间，听取反馈意见。

七天，也是一个话题从产生到没落的周期，剧情话题的讨论在七天后落入谷底，刚好新的一集又出来了，波浪式制造话题和高潮，也可以让男女主角们根据观众反馈的意见即时调整演技。七天，也足以让植入剧情的广告商备货新品开发，一切的一切，都是贴近用户需求的快速同步制造。

可喜的是，湖南卫视热播的连续剧《爱在妇产科》，在最后大结局，也采用了与观众互动的形式，话剧式直播，开创了中国大陆电视剧创新营销的先河。

让粉丝间互动，可以让粉丝们保持对品牌持续的热情。还需要给他们一个互动的平台。论坛、贴吧、QQ群、微信群、虚拟俱乐部、线下见面会、新品发布产品秀等都是实现这个目标很好的手段。

看来娱乐行业让我们营销人可借鉴的还有很多。是时候改变了。

### 圆梦——口碑传播

产品终于要出来和大家见面了，小米采用了低价＋期货预售模式，这是一个为大众所接受的模式。粉丝们因为你的低价原谅对你的漫长等待，他们会认为这种等待和抢购是值得的，因为你本身利润不高，那我可以为你等待，忍受你的一再拖延。

而抢购本身又给不明真相的普通大众一种假象，小米手机肯定是个好东西，不然为什么大家都去抢。抢购，于是又成了一次很好的爆点营销。

一次又一次的抢购，一次又一次的话题传播，就像滚雪球一样，当初为什么而滚的，已经没有人讨论和感兴趣了。只知道大家都在讨论小米，肯定是个好东西，至于好在哪里，这时候已经不重要了。

# 第四章

## 我们掏的是谁的口袋

有很多分析小米为什么会成功的文章,大家看到的都是表面,从营销的角度看小米,就是梦。从造梦—追梦—圆梦,每一步的鼓点都踩得很准。这才是小米成功的核心,至于病毒传播啊、预售期货模式啊,都是表面的营销手段,没有前期的粉丝参与品牌智造,会有人买票去发布会现场吗?会有人傻傻地一周两次发疯似地在电脑前抢购吗?不会。

如果你是一个创业团队,笔者建议你先从思考品牌入手,怎样打造自己的品牌精神,构建什么样的品牌文化,寻找什么样的粉丝,然后再决定做什么样的产品。

把品牌和营销思维置顶,在产品开发、用户体验、渠道推广、售后服务等环节整体融入创新的营销思路,才能打造宗教式被粉丝膜拜的品牌。

拿观致汽车说开,五年前,互联网、智能、云计算等概念已经在中国或者全世界范围内被津津乐道。观致汽车诞生在这样一个开放的互联网环境下,本身汽车和互联网智能新能源等新兴产业就结合得非常紧密。理应把智能化、互联网、车联网等概念融入到整车的开发环节中去,因为一个新生品牌更主要的是把握科技前沿的脉搏。

显然,观致的团队并没有意识到这一点,继续沿用着先造产品,再找渠道,最后寻找用户的产品导向营销思维。哪怕你在开发环节整合一些虚点的智能、互联网的概念,都不会如今天这般落寞,看来奇瑞几百亿的巨大投入,不知啥时候才能收回了。忽略用户需求,就是无视未来无穷大的市场。

## 产品、精神、互动就是宗教式品牌的三个关键词

> 有诚意的产品,是赢得用户的基本准则。

再牛B的营销手段和品牌方法,也只能一时将品牌推广出去,持续的品牌打造和市场增长还是要依赖有诚意的产品。为什么叫有诚意的产品,就是你要

# 出位

#### 如何用互联网思维破除瓶颈

让用户觉得你是用心去做了的，取决于你做产品的态度。

一个著名的大品牌和默默无闻的小品牌，其实消费者在内心已经有了比较。她内心就认定，大品牌无论在产品的设计上，还是服务上，肯定都比小品牌要做得好才对。如果大品牌没有做好，就会遭到用户的差评。而对于小品牌，用户的期望值并不高，如果你给用户惊喜，就会得到鼓励的点赞。

先看网上的一则吐槽：

@夏天天：可以说在经济条件允许的条件下，我还是愿意买大品牌的产品。但是前几天发生的一件事，改变了我这个观点。前几天在网上买了一个海尔的取暖器，安装的时候就发现这款落地使用的取暖器没有可以移动的轮子，也没有可以手提的把手。一旦取暖器发烫后完全没有办法挪动！其实加个把手也增加不了多少成本，尤其让我意外和失落的是，海尔这样的大品牌居然连这点细节都想不到，做不好，太令我失望了。

再看一则点赞的微博：

@吴加凤：办公室一直备有面霜以备随时洗脸之用。有天正涂着，同事问涂的是什么，我很淡定地回了句"国产货，百雀羚"，没想到同事来了句"百雀羚挺好用的啊"。

接着，身边几位同事也来了兴致，纷纷说有些国产老品牌如百雀羚、大宝等产品都很不错，有着较天然的感觉，好用还不贵。

大家明显可以看出来，网友对海尔不满。作为一个大品牌，本该想得到的人性化设计没有想到，缺乏对消费者的诚意。诚意不仅仅是单个产品的问题，用户会认为你品牌就是这样对待我及其他用户的，对品牌形象的影响非常大。

互动是打造宗教式品牌的重要手段，要让品牌与用户，让用户与用户互动。

精神，是构建宗教式品牌的核心。

精神是存在于消费者内心，可以心灵触及，却又摸不到看不见的东西。那么什么样的精神才能让用户至死不渝地追求和向往呢？

# 第四章

## 我们掏的是谁的口袋

落差！

生活中的现实和精神追求的理想所产生的落差。正是因为在现实生活中得不到，在品牌的精神层面才能找回这种落差。

女人们为什么喜欢看言情电视剧，男人为什么喜欢打竞技类游戏，都是源于在现实生活中的落差，精神生活得不到满足，所以去电视剧和网游中寻找慰藉。

网上有一组被网友们疯狂传播的图片，说的是一个极度孤独的男屌丝，用自己的右手装扮虚拟女友自拍的照片，看得网友们心酸又好笑。

品牌的精神也是如此，要给品牌一种独特的只能存在理想状态中的精神，引起用户来追求，用户从参与互动中得到精神满足。

# 出位
如何用互联网思维破除瓶颈

## 品牌架构与资产的六个观点

企业发展到一定阶段,就要考虑品牌和产品的延伸,企业品牌和产品品牌到底该是什么样的关系?是走类似美的单一树形品牌路线还是走宝洁多品牌多品类路线?

营销大师们对品牌的探讨其实已经有非常多的理论,我们在这里谈论,有点班门弄斧的味道。但是,营销环境变了,用户看品牌的角度变了,互联网不止是改变了我们接触信息的方式,还直接影响到营销商业模式的变革,以互联网思维看品牌的规划和延伸,是我们这节主要讨论的方向点。

以前我们通过传统渠道售卖商品,将北上广定为一类市场,深圳、天津、成都、武汉、杭州、重庆等为二线市场,其他地级市和县城为三四级市场这样划分。

这个市场分类法已经不适合互联网思维了,试想一下,一类市场售卖耐克的球鞋,三四级市场难道就没有耐克球鞋的需求吗?他们有可能比一线市场的消费者更希望得到一双耐克球鞋。

市场不能以经济发达与否或者简单的时空地域来分,应该是以用户的需求来分,因为无论你是在广州还是在长沙,或者是在盐城,通过网络,年轻人都能轻松地买到一双耐克鞋。

但是,用户对耐克鞋的内心需求与态度是不一样的。有的年轻人买耐克只是为了圆拥有一双耐克鞋的梦想;而有的年轻人是见到同学都有了,为了面子我也要买一双;还有的是真正觉得耐克鞋人性化的设计非常合脚,质量信得过。

由于传播和购物方式的变化,很多行为模式都变了,就不能以传统的营销模式来看待这些变化。

## 第四章

### 我们掏的是谁的口袋

> 线下购物商场的购物者更多是一群人一群人来购物,购物就不仅仅是购物,而是有社交在里面。这就涉及购买时在朋友、闺蜜面前的面子问题,互联网购物通常是单个人购物,消费者会倾向于性价比高的品牌,实惠第一。

**观点一:**

**品牌规划为线上和线下品牌,线上走中低端,线下走高端。**

虽然中国互联网人群已经突破6亿,但大部分还是些屌丝人群,主要分布在三四线城市以及城市郊区。他们空闲时间多,泡在网上时间长,对价格非常敏感。

为什么在淘宝天猫卖得最好的爆款通常是性价比高的,一些像优品网、上品网等奢侈品电商一直做不起来。唯品会最初也是定位在卖国际一线奢侈品品牌,后来觉得市场太小,调整了策略,改做二、三线品牌的特卖会。这是因为相对高端的人群一般年纪比较大,每天商务繁忙,没有太多时间泡在网上比货比价,所以更倾向于在实体购物商场购买,这是由他们的社交属性所决定的。

所以建议线下走高端,线上走中低端路线,品牌分开命名,分开团队操作。线下品牌走高端还有一个好处是可以上唯品会等折扣网站消除库存和过季的产品。因为在屌丝心目中,这个高端品牌虽然我一直很向往,但我根本消费不起,打折,才让我有机会拥有它。让屌丝得到更好的产品体验,心里暗暗发誓,等我以后有了钱,一定要痛痛快快消费它。

线下做高端品牌的另一个好处就是,用户可以实实在在体验到产品的设计、质量、功能。因为毕竟花了一大笔钱来买商品,还是眼见为实为妙。线下品牌的重点在于体验和服务,当用户进到专卖店的那一刻起,就享受到品牌无所不在的尊贵服务。这是线上品牌所做不到的,用户乐意享受这种高端服务,乐于享受屌丝们对他们进入专卖店时所投上的羡慕的眼神。在这个时候,高端品牌的用户觉得自己辛苦赚钱还是非常快乐的。高端品牌是为了满足用户社会属性的需求，所以在线下做会更容易得到用户认可。

线下品牌是有机会的，机会就在于给用户提供独特的购物体验，让购物成为一种休闲、社交、家庭亲子的行为。

全国实体书店都在当当、亚马逊等网上购书的冲击下，几乎无生存的空间。但广州的方所书店却经营得有声有色，成为广州最重要的文化地标之一。

你在广州方所书店，可以一边浅斟慢饮品尝美食，一边享受思想文化的盛宴。还可以定期参加文化大师们的论坛讲座，与艺术来一场不期而遇的邂逅。晚上或者周末约几个好友去方所坐坐，已经成为很多广州文化媒体人士的交流好去处。

**观点二：**
**到底是做大树品牌，还是做树林品牌，或者是做森林品牌？**

大树品牌就是类似海尔的做法，一个主品牌下，在相关产业延伸产品，海尔就在主品牌下延伸了空调、冰箱、洗衣机、电视机、微波炉等产品。

树林品牌就是典型宝洁的做法，一个一个品牌独立，分属不同的品类，例如玉兰油是美白化妆品，海飞丝是洗发水，舒肤佳是香皂，等等。

森林品牌指产业链的做法，大树为灌木丛等阴生植物遮挡阳光，小鸟为土壤提供鸟粪，丛林反而又为小鸟们提供食物，大家相辅相成，形成一套共生共长的价值生态链。腾讯就是典型的这种森林品牌做法，下面各个业务相互独立，又相互融合。

三种理论都有其生存的空间，背后都有其科学发展道理。宝洁走树林品牌模式是对的，因为在分销和超市购物时代，谁占领的货架越多，离消费者的眼睛越近，谁会被放入购物车的几率就越大。

海尔的做法也是对的，家电是耐用品，只有进入不同的品类，货就会卖得越多，并且用户如果买了海尔冰箱，觉得非常不错，他下次还会选择海尔的空调。

## 第四章
### 我们掏的是谁的口袋

腾讯的做法也对，互联网本身就是一个流量入口经济。我占领了 QQ 和微信这两个大的流量入口，我肯定要用电商、游戏、视频来赚钱。

互联网也是主动搜索经济，消费者的购物时空成本已经降到了最低，从这个趋势来看，做森林品牌产业链的做法可能更适合互联网潮流的发展。大家都把主业当成抢流量抢入口的武器，在圈定用户的主业上赚不到钱，只有靠后续生态链的服务来赚钱。QQ 不是靠社交工具来赚钱，而是靠游戏、广告赚钱；4S 店不是靠卖车来赚钱，而是靠维修保养赚钱。

所以在产品的延伸上，要尽量往生态产业链上去考虑，形成品牌良性的价值链。当你建立起品牌全价值良性的生态产业链，你就可以大张旗鼓地发起低价和免费策略，这时候的你，已经不再惧怕任何价格战。


**观点三：**
**企业品牌与产品品牌的关系。**

有很多企业品牌和产品品牌是分开的，例如宝洁、中粮等。那么，我们在宣传时到底该怎么样处理这两者关系？很简单，这样来理解，企业品牌是为了辅助产品品牌而存在的，所以企业品牌可以是一个公益形象，也可以是一个值得信赖的形象，还可以是行业领先者的形象。

很多品牌开创了一个品类和一个行业，花费了巨大的心血将这个品类做大。所以对自己是这个行业老大的地位一直念念不忘，我们经常会遇到这种情况。通常作决策时，要看这个行业老大地位的形象，到底能不能满足用户的心理需求，如果不能满足，那就不要用。

长虹在 20 世纪 90 年代初，从不宣传自己的产品功能卖点，而是打出了国货当自强的广告，这在现在的营销人看来是个烂得一塌糊涂的概念，但在当时的营销环境下，确是对用户有很大杀伤力。长虹崛起的那几年，以前国货中响当当的熊猫彩电、上广电等品牌被索尼、松下、夏普等外资品牌打得无还手之力，恰恰这几个强势品牌还都是日资的，让中国人颜面尽失。

媒体也整天炒作，日本这次对中国的经济入侵，不亚于那次解放前的战争入侵。这时候的长虹打出中国红，国货当自强的概念，振奋了饱受日货打击的中国老百姓，很多消费者就冲这句话就将长虹抱回了家。

同益空气能热水器，一直对自己是空气能热水器的创造者念念不忘，但消费者根本不买你这句话的账，人家格力、美的不是空气能创造者，用户也相信他们一定能够做得好，用户不会因为你是创造者而觉得你就是好。

要站在用户的角度、市场的角度来看企业品牌和产品品牌的关系，只有这样才不会迷失自己。

**观点四：**
**自建电商渠道还是进驻天猫、京东等电商平台？**

连预售模式的小米都在天猫开设了旗舰店，你还在想自建电商渠道吗？

邦购网、中粮我买网、海尔电商投入数亿级的费用自建电商渠道都沉戟折沙，普通品牌想都别想。

因为互联网电商本身和线下购物商场的模式没什么区别，我们家乡有句古话叫货卖堆山，意思卖什么东西都要成行成市，大家一起在一条街上做同行的生意，消费者才会被吸引过来，你单打独斗，消费者没得选择，不会来捧你的场。

互联网本身也是流量经济，天猫、京东、微信、百度已经牢牢掌握了互联网入口流量，依附它们是最佳选择。并且一个企业的产品线是有限的，用户在互联网购物，如在天猫各个旗舰店和淘宝店逛都没有转换成本。但如果去一家品牌电商网站上购物，转换成本极高，选择又少，用户黏性低，体验肯定不好。

为什么垂直媒体做得起来，而垂直电商做不起来？

垂直媒体是为用户提供行业信息，无论在行业新闻的的广度上与深度上，都比门户网站要新鲜热辣得多。由于新闻的不断及时更新，用户使用的频次高，

# 第四章

## 我们掏的是谁的口袋

黏性也大。但垂直电商不同,产品种类少,不能为用户提供有用的价值信息,用户选择面少,用户黏性下降。

### 观点五:
### 品牌资产的沉淀——拿掉 LOGO,你还会记得我吗?

每个品牌都有两份资产,一份是固定资产,看得见摸得着,另一份是品牌无形资产,看不见摸不着。

我们要做的是,让每一次的广告传播为品牌无形资产加分,就像白兰氏鸡精的广告语:每天,为身体存一点健康。我们也要每天为品牌存一点形象。

这就需要我们做到四个字:坚持、重复。史玉柱说过,广告无所谓好不好,只要坚持不断重复,任何概念都会转化为品牌的正资产。

无论营销人还是广告人,想出多牛B的创意不重要,追求的最高境界是要用最低成本让传播效果最大化。那么,怎么样才能让传播效果最大化?

卡通形象是个走捷径的选择。卡通形象可以让品牌人性化,生动起来,不但让终端视觉更丰富更具象,还可以运用在网络上,或者在社交工具上传播。

这是一种品牌传播的顶层设计。考虑传播营销活动不要只看到眼前,要看到在互联网上怎么好传播,要让品牌的资产在每次传播中都有积累都有沉淀。

品牌的卡通形象不应该是属于哪一个产品的,应该是代表这个品牌。我们在给同益空气能作品牌规划时,就为同益设计了一个能量超人的形象,以后同益产品延伸到地暖、厨房用品时都可以让这个能量超人来推荐、来沟通。

我们给广东联通设计的懂先生形象,诚实、幽默,又有点呆呆的,让众多网友萌翻天,把调戏懂先生成为每天必修课。互联网本身就是个娱乐,只有让用户一起参与娱乐,才会有传播力。

品牌无形资产最重要的两项是标签和粉丝,而标签是看不见摸不着的,粉丝也需要有个形象物来承载他们的精神寄托。我们常常见到一对情侣相互思念,寄托相思之情最好的办法是信物，一张照片，一件饰品。彼此不在身边的时候，见到情物，就如见到情人，得到心理慰藉，就是这个道理。

所以，魔力标签需要视觉物来具象化，粉丝需要形象物来承载精神寄托，卡通形象物就是最佳的品牌资产积累的选择，保证每一次的传播活动都为品牌加分。

卡通形象物还有一个好处是便于传播和对品牌的双重确认。

例如，一个用户问邻居家里装的是啥热水器，刚好邻居忘记了同益的名字，一下想不起来，但他记得同益热水器有个超人的形象物，就回答说，就是那个啥啥啥，名字一下忘记了，但有个卡通超人的热水器。

这时候的卡通形象物有两方面的作用，一是辅助消费者记忆我们的品牌，便于口头和人际传播；二是让假货无处可藏，你可以山寨我的品牌，但你没法仿冒我的卡通物。因为有可能会出个同一的山寨热水器，但卡通形象没法做到一模一样。可以用品牌名字和形象物两个记忆点来让消费者甄别真伪。

### 观点六：
### 遵循简即美的产品命名方法

我们来看看小米与中兴手机的子产品命名策略。小米手机的命名直接就是小米1、小米2、小米3，阿拉伯数字，2是1的升级换代，数字越大，代表越新款，简单明了。

再来看看中兴的命名，中兴U919、中兴V879、中兴V818，如此命名法让消费者摸不着头脑，不知道哪款手机性能好，哪款是最新上市的。光在产品命名上，中兴就输了小米不知道几个级别。中兴还是停留在产品思维上，以产品思维来做手机，只图自己企业内部好区别，不管用户好不好记。无论用户去终端或者在互联网上搜索，还是口头人际传播，都记不住后面的那一大堆对消费者毫无意义的数字和字母。

产品的命名一定要简单明了，直接把用户当白痴的名字是最好的名字。

# 第五章

# 开启业绩倍增模式

互联网好比是一个平静的水塘,首先你往水里扔一颗石头,这颗石头就是传播源。石头会在水面荡起一圈涟漪,这个涟漪就是社群的自发分享传播。如果你不扔第二颗,涟漪很快就消失了,这时候再扔下第二颗石头,两个涟漪交叉,会形成更大的涟漪圈。再扔第三颗、第四颗、第五颗……水面不断荡开,涟漪越来越多,整个水塘都会震荡起来,

**互联网让分享成本变为零**

# 第五章

## 开启业绩倍增模式

在数字化营销时代，传播源不再是媒体，而是每个消费者，要让每个消费者成为传播源，通过他们传播到他所在的社群，实现裂变式传播。

所以我们的传播理念变了，传播不是为了到达，而是共建和分享，让网友感兴趣的传播内容，就成了传播成败的关键。

> 互联网时代，不能激发用户主动参与、分享的创意，肯定不是好创意！

大家都在讨论小米，你见到过小米在报纸、杂志、户外投放过广告吗？2014年起，所有杂志、汽车周刊、经济报纸的头条都在报道特斯拉，你有见过特斯拉的广告吗？

你家的电视多久没有打开过了？你坐地铁、公交有多少时间是在抬头看地铁、街头户外的广告？午饭后等电梯的间隙，你有注意过分众的屏幕在播放什么广告吗？

仔细想一想，我们更多的碎片化时间是不是被手中的那块小屏所消费了。

从最早的大屏（电视）到中屏（电脑），再到现在已经离不开的小屏（手机），屏幕在急速地缩小，可我们花在小屏上的时间却越来越多。

如果没有互联网，我们读到马航MH370失联的新闻只是来自官媒每天例牌

# 出位

#### 如何用互联网思维破除瓶颈

式的只言片语；

如果没有互联网，我们还在被电视节目里那些不知从哪冒来的"砖家""叫兽"洗脑忽悠着；

如果没有互联网，你根本不知道坐在你旁边的乘客购买的机票，整整比你少了500元。

互联网，让一个从不知名的小品牌，一夜蹿红，三年内销售额直逼300亿，三年走完了别人30年走的路。

还是互联网，让一个经营了百年的著名品牌，一夜之间名誉扫地，遭受灭顶之灾。

互联网，让我们看到了比双眼所能到达的更远的世界；

互联网，让我们比任何时候都更了解另一个人的内心；

互联网，让我们学会了质疑，挑战权威，从被动变主动；

互联网，没有陌生人的世界。

让我们来研究信息流的传播趋势——

传统媒体时代，由电视、报纸、杂志、户外、电台实现信息流的单向传播。即四大媒介播出信息，用户接收信息，没有交互，没有反馈，直线式传播。

互联网时代，门户网站、论坛视频向用户展示信息，用户可以选择不看，也可以选择接受，有一定的反馈和交互，回环式传播。

> 移动互联网时代，自媒体，SNS，微信兴起。网民价值个性化、多元化、社群化，每个人都是信息的接收者，也是信息的传播者，同时还是信息的制造者，信息流交叉交互交流网状式传播。

移动互联网时代传播最大的变化就是参与和分享。

# 第五章
## 开启业绩倍增模式

用户不再被动接收信息，而是积极参与信息的制作和传播。媒体的价值被分散了，没有强势媒介这一说法，网民被分散在浩如烟海深邃无边的互联网世界里，以网状的形态分散分布，以小社群聚集的单个细胞存在。连接他们的，就是仅有的几个入口：微信、支付宝、微博、浏览器等。

传统的粗放式广告投放不见效了，怎么办？

传播媒体的客户分散了，怎么办？

传播对象的价值观变了，怎么办？

那么，传播也要变！以变迎万变！

怎么变？

## 分享成本——互联网让分享成本变成零

你在逛商场的时候，见到一个你非常喜欢的名牌服装在打折，你欣喜若狂，不光自己败了好几套，还立刻通知你的闺蜜们让她们马上赶紧狂奔过来购买。

你在网上看到一篇好文章、一段搞笑的视频，很想让别人也分享这份快乐与心得，你用微博或微信来转发，希望朋友们也看到。

> 什么叫分享成本？分享成本就是用户获得一个信息源，然后将这个信息源分享给其他用户所要付出的成本。

互联网还没有出现的时候，用户只能打电话或者聚会将名牌服装的打折信息分享给闺蜜朋友。

而现在不同了，你可以用微博、微信朋友圈或者其他社交工具，只要动动手指,瞬间让好朋友们都知道了这个消息。

传统营销时代,用户分享一个信息要付出非常高的成本,而互联网使用户分享成本大大降低,只要稍动手指,三秒钟搞定。

移动互联网让用户的分享成本变得极低,对于我们营销启发是,我们传播的目的,不再是为了传达,而是为了再传播,让每个用户都成为传染源,将信息源利用病毒式爆发传播。所以我们的广告创意和内容,是为了勾起用户兴趣,让用户替我们再次传播。

传播的内容就成了关键。内容必须要引起用户再传播的兴趣,否则用户没有理由为你再次传播,我们称这个内容为传染源。

信息传染源一定是满足以下几个方面:笑点、泪点、痛点、HIGH点等情感共鸣、裙带帮衬关系、给用户分享利益、神秘性、大事件。

### 谈谈情,说说事

信息流在互联网上浩瀚如海洋,每天以数以亿计的数量在传播,如何勾引起用户的分享兴趣,这就需要我们在广告内容上多和用户进行情感沟通。用笑点、泪点、痛点、HIGH点来打动用户,微博上那种赤裸裸推销广告的形式已经落伍了,终究会被用户所抛弃。

我们在给中国联通做客服官方微博微电影推广时,就抓住了一个很好的话题,男人在外打拼,是事业重要还是家庭重要?这是个全民都在关注的话题。

要想让家庭过上好的物质生活,就必须要付出加倍努力。但男人在奋斗的时候,由于工作的繁忙,会失去对家人的关心与悉心照顾。自古忠孝难两全,到底是家庭重要还是工作重要,这是个没有标准答案的问题,留给网友们去讨论去思考。

我们选择春节前来投放中国联通《为爱打拼》这部微电影,很多人由于工作原因不能和家人团聚,触景思情。这个热点话题一经抛出,引发了网民全面

# 第五章
## 开启业绩倍增模式

大讨论,微电影里面巧妙地植入广告也深得网友的关注和点击。

### 以利益为名捆住你绑住我

微博转发有奖、转发给X位好友即得多少红包、天河城春季大卖一折起等,赤裸裸地给用户利益引诱,这种方式也能引发用户的强烈分享兴趣,这种例子太多了,笔者就不一一列举。

### 大力搞好裙带关系

就是利用用户熟人圈的裙带关系,调动大家帮助源用户的积极性,完成信息流的传播。泰康人寿在2014年春节期间的"求关爱"营销实例,就很有代表和借鉴意义。

"求关爱"是由泰康人寿推出的短期防癌健康险,每份保费1元。用户关注"泰康在线"的微信公众账号,并购买"求关爱"防癌险产品后,可以将支付成功后生成的"求关爱"保单页面分享至微信朋友圈,而朋友圈的好友只需使用微信支付1元钱,便可将该保单的保额增加1000元。"求关爱"的保额最高限定为10万元,且每位好友只能帮朋友投保1元。也就是说,在规定的30天投保期内,如果你有99位朋友帮你投保,那么你购买的"求关爱"防癌险保额将达到10万元(其中有1000元保额来自你自己最初支付的1元钱)。

这是典型的利用朋友之间裙带关系来做营销,以后这种创新性营销案例会越来越多地涌现出来。

### 新闻大事件

大事件就是利用社会正在发生的热点事件,迅速借势上位。但这个度一定要把握好,把握不好的借势营销,不仅不能得到用户的点赞,反会被用户狂扁。

春节期间各浏览器公司推出的抢火车票软件,就赢得了大家赞许。而另一个反面案例，就值得我们要引以为戒。

2014年3月8日，一架载有239人的马来西亚航空波音777飞机，在印度洋上空神秘失踪。飞机上有153名中国人，消息一经传出，迅速震惊全球，世界上几乎所有的媒体都在报道这件飞机神秘失踪事故。

但分众传媒CEO江南春在这个时候不合时宜地借势这件事，在微博上卖起来了保险广告，微博原文如下："这年头，说不准呀。飞机也能失踪！已通知行政部在yongan100.com上订100份永安保险最新航意险200元可保一年飞行，保额1000万给各大高管，万一飞机失踪了，总算对家人有个保障，总不能因为飞机会失踪就不出差了！"

江南春借马航失联事件为永安保险做着无底线的营销，消费灾难，顿时成为网民谩骂和谴责的对象。

所以我们在做营销传播时，一定要考虑到这个广告有没有受众所感兴趣的分享源，如果没有，这个广告是失败的。同样花100万，一种结果是广告信息传达给了100万用户，另一种结果是信息传播给了100万用户，这100万用户又分享出去，以每个传染源感染10个受众，就是1000万，这1000万用户再分享……

对比下，哪种广告效果会更好？

## 震荡波传播
## ——广告不再是为了传达，而是为了传播

### 什么是震荡波传播？

眼睛是视觉触发，是到达，信息流到了眼睛这里，就到达了终点，就没法

# 第五章
## 开启业绩倍增模式

再传播了。你看到一个很好的广告，这个广告到达你的眼睛，你理解了，无论是感觉好还是坏，这个传播过程已经结束了，所以眼睛是接收信息的媒介。

而口是可以再传播的，是传播媒介，所谓的口碑传播，就是这个道理。互联网的普及，在口碑的传播媒介上，要再加上手。因为在互联网思维里，用手转发信息分享信息，比口的传播更有效，更高效，更节省成本。

在我们的震荡波式传播理论里，最终的目的不仅是将我们的品牌信息传达到用户的眼睛里，更重要的是调动用户口和手的积极性，帮我们把信息传播出去。

每一个手机小屏的背后，都是一个个体的用户，这个用户隐藏在移动互联网的各个角落，链接她们的，是微信、微博、各种APP应用。

她们既是以单个个体的形式存在，也以各种朋友圈、粉丝圈、QQ群、兴趣群组、关系群组的形式存在。

移动互联不再有离线或者在线的说法，用户随时随地在线。即使我一个月没有和你联系，我也可以通过你的微博微信朋友圈了解你的即时生活状态，这和手机、邮箱、QQ时代的交际链接有了本质的区别和变化。

还是以前文的小美为例，举例她在移动互联网社群的交际情况。小美微信的朋友圈大部分是相识的朋友、同事，在她微信上的微群多达20多个，有大学同学微群、有公司同事微群、有亲戚微群、有闺蜜朋友微群等等。小美在群里是个活跃分子，群里的聚会和号召她一般都会积极响应。

小美有着女人天生爱美丽的特性，关注了很多关于美容服饰、旅游的微信公众号，时不时和他们互动交流沟通，接受他们推送过来的美容服饰信息。

小美还是个文艺女青年，经常泡在小资泛滥的豆瓣，发起电影、文学的讨论话题，她和豆友的互动也很频繁，经常参与一起由社群小组发起的线上线下活动。

在微博上，小美也关注了留几手、邓飞、冷笑话精选、我的前任是极品等大V或者草根账号，每天都会上微博刷信息，接受各种资讯。

# 出位

## 如何用互联网思维破除瓶颈

周一到周五的上班时间，小美在公司的 QQ 群里接收公司各种行政通知，她也在 QQ 群里安排部门会议等工作事务。同时也加入了一些律师专业的 QQ 群，和各地律师交流工作心得，留意国家司法部门即时推出的法律法规。

小美每天工作、生活的大部分时间被这些社群所占领，她已经离不开这些社群的联系和交流，反倒和家人的交流少了。父母一直对她的婚姻大事非常着急，但小美反而不急，她觉得这种状态挺好。

这样的小美在我们身边很多，她们以各种生活角色、社会角色、家庭角色分布在移动互联网的各个小社群里。

她们在微博上获取最新的资讯和社会八卦新闻，在微信朋友圈分享各种心灵鸡汤和商品的推荐信息，在豆瓣兴趣小组里分享电影、书籍的观感和评论，在京东和天猫上浏览和发布商品真实的评价。

小美的社群行为代表了我们身边 80、90 后主流消费群的在线生活状态。她们不是个体生存在互联网上，而是以各个社群一员的身份存在于移动互联网的生态链条上。她们是信息的接受者，又是信息的传播者，还是信息的制造者。

### 震荡波传播颠覆了传统传播的方式

我们这个章节主要研究的是传播，所以我们要利用小美们在生态链里传播者的角色，来帮助品牌发起再传播行为。

移动互联网时代，营销传播的目的变了，我们不再把信息传达给我们的消费者，作为品牌传播的唯一目的。让这群人接收到我们信息后，帮助我们在他所在的各个社群再传播，这才是品牌传播的最终目的。

石头越大，荡起的涟漪就越有力。传染源如果是由名人或者热点话题发起，那么涟漪荡开的面积就会越大。在投下传染源后，还要把握好投掷第二颗、第三颗、第四颗……石子的频率和力度。

# 第五章

## 开启业绩倍增模式

> 如果把这个传播理论作一个形象的比喻，可以这么来理解，互联网好比是一个平静的水塘，首先你往水里扔一颗石头，这颗石头就是传播源。石头会在水面荡起一圈涟漪，这个涟漪就是社群的自发分享传播。如果你不扔第二颗，涟漪很快就消失了，这时候再扔下第二颗石头，两个涟漪交叉，会形成更大的涟漪圈。再扔第三颗、第四颗、第五颗……水面不断荡开，涟漪越来越多，整个水塘都会震荡起来，这就是震荡波传播的原理。

涟漪就是由一个个自媒体或者个体社群所组成的传播人群，利用她们在各个社群的影响，自发帮助我们传播。

传染源只是引起涟漪，最终还是得利用涟漪相互之间的作用力，引起更大的扩散性传播。

我们以中国高端鲜花第一品牌roseonly专爱花店的上市传播过程，来阐述震荡波传播理论。首先，roseonly有一个非常好的传播源："一生只送一人"，由杨幂投下第一块石头，迅速在微博、微信等自媒体上传播开来。第二颗、第三颗、第四颗石头相继由李小璐、李云迪、张亮等明星投下，几波微博和微信圈的自媒体分享，网友姑娘们也疯狂地转发刷屏，希望自己的男朋友也送上这么一捧对自己忠贞不渝的代表爱的鲜花。roseonly用了短短不到两个月的时间，做到了让路人皆知。

大家可以试着回忆下，你是从哪个渠道了解到这个鲜花品牌的？笔者可以断定，是从微博、微信、科技新闻报道几个途径了解到的。

震荡波传播理论的核心就是引起话题，鼓励分享，而不是为了到达。能为你分享信息的，她肯定是认同你的话题和理念有分享的价值。

# 出位

## 如何用互联网思维破除瓶颈

## 三点式营销——疑点、爆点、G点，三观尽毁

### 什么叫三点式营销？

猎奇，是悬念式传播的本质，我们先看一个系列话题炒作广告。

先是利用强势传统媒体来引爆具有话题点的八卦信息，巧妙融入广告内容，引起关注。

最快速信息辐射当然是利用即时通讯工具，在这些平台上网民会调侃、恶搞，让信息本身更具趣味，参与范围更广。

在事件发展中有意识地强化产品信息，视频调动起"视""听"两个感官，效果要来得更猛烈，让人印象更深刻。

利用事件的社会讨论度，变成市井新闻点，借力更大众化的媒体平台来传播。

将事件再度升华从质疑的声音引到正面回应，把传播内容巧妙整合进来。回应内容为移动"4G"投入商用具体时间、各项优点等等。

在一场"女总裁征婚，4G男表白"的事件中，我们所需要传播的信息在潜移默化中已经打进人心。八卦的参与者在毫不知情的情况下变成了"传播的志愿者"，这种不可控的传播效果将会大大地超出预期。

这是一次完整的互联网思维三点式营销传播案例。

好奇害死猫。猎奇是所有人类的本性，如果没有猎奇，新大陆就不会被哥伦布发现。如果没有猎奇，人类的科技就不会前进创新。利用人们的猎奇心理发动营销战，可以起到事半功倍的效果。

悬念广告指广告信息不是一次，而是通过系列广告，由粗至细、由部分到整体，或者说随着广告系列的发展，广告信息逐渐充实和完善。

# 第五章
## 开启业绩倍增模式

悬念，是叙事性文字常用的一种表现手法，到了某个关头，故意停住，设下卡子，对矛盾不加以解决，让读者对情节、对人物牵肠挂肚，以达到吸引读者的目的。

悬念体广告创意亦有此种效果，通过设悬，激发消费者的关注情绪，通过解悬，使消费者记住了商品或服务信息。

如果说在传统媒体时代，在报纸上投放一则悬念广告会引起全城关注，而在互联网时代，在一个城市投放一则广告，通过双微发散，则会引起全国的持续讨论，用最少的成本达到最大的传播效果。

悬念式广告的操作套路一般是传统纸媒投放，然后互联网引爆扩散，最后传统媒体解开谜团，产品成功上市或者大卖。

我们称之为三点式营销：

疑点——挑起话题；

爆点——引爆热论；

G点——持续高潮。

做好三点式营销其实并不容易，要把握好引爆的节奏和挑逗公众神经的关注点。

我们拿寻找4G男这个案例来解剖三点式营销背后成功的秘密。

首先是疑点，征婚本身就是一个大家非常关注的热点话题，条件这么好的美女征婚，足够让大家在办公室炸开了锅。海归美女的其他征婚条件都很正常，唯独要求用4G？4G引起了大家的猜疑和讨论。

第二波，引爆，让屌丝们相互调侃，形成话题病毒式扩散传播。不仅是引起普通大众注意，电视电台、平媒、微博大号、公众号，大家都参与主动讨论分享传播，形成话题的推波助澜之势，这个过程以五到七天为最佳。

因为经过科学家们的有效测试，一般大众对一个热点话题的关注热度会保持在七天左右，过了七天，加上中间经历一个周末，大家的讨论热情就会持续下降。

# 出位

如何用互联网思维破除瓶颈

4G男 深情表白:对面的女总裁看过来

# 第五章
## 开启业绩倍增模式

第三波，公布真相。原来这个话题是为了配合移动 4G 上市。这时候，我们需要一个真诚的道歉，把话题引向对 4G 的关注。各个微博大 V 这时候站出来，感受应用移动 4G 的畅快体验，顺利将焦点引向 4G 的业务介绍，并且宣布会在某某时候召开新闻发布会，广告中的征婚美女会出现在新闻发布会现场，来和她的 4G 郎君相会，共结姻缘。

## 我是拜金女，我就爱金砖

说起瓷砖，消费者目前对抛光砖、仿古砖、微晶石等主流品类认知度比较高，抛晶砖虽然在市场上流通了一段时间，但过去一直处于市场配角的角色，厂家不重视，经销商不重视，消费者对此认知度也较低，这对抛晶砖的市场推广产生不利。

近几年来，随着消费者生活品质的提高，以及消费观念的演变，抛晶砖作为一款装饰性的瓷砖，其市场规模正日益增长，很多陶企普遍看好抛晶砖这块"蛋糕"，纷纷试水市场，涌现出金丝玉玛、施琅、个性、高的、法莱雅、一品磁、博蒂、卓远、欧威等生产抛晶砖的企业，在市场上掀起惨烈的夺"金"大战。

新中源陶瓷看准了这一市场，也随之推出了抛晶砖产品。但作为抛晶砖市场的后来者，新中源并没有明显的优势。加上抛晶砖品牌众多，市场竞争激烈，消费者对产品认知度不高，新中源抛晶砖的上市不容乐观。

我们认为，新中源抛晶砖如果按常规思路去运作，将很难在市场上成功突围。不按常理出牌，才能在惨烈的市场竞争中觅得一线生机

在市场推广预算不多的前提下，要想低成本打开产品市场缺口，只有运用事件营销与网络炒作的思维，才能以最小预算达成最大的推广效果。

# 出位

### 如何用互联网思维破除瓶颈

因此,我们的推广策略是"观念营销",要改奕消费者的消费观,就必须改变TA的价值观,推广手段是话题炒作,推广渠道是实体(传统媒介、建材市场、实体店等)+网络(微信、微博、官网、建材网等)。为此,我们为新中源抛晶砖重新命名为"金妆砖",以提升产品的辩识度,并提出"新拜金主义"这一话题,"新拜金主义"不仅高度契合抛晶砖产品的特点,同时也具有很强的争议性,能引爆市场的争论与关注,为产品上市造势。我们给"拜金主义"赋予了新的含义,人们拜金,拜的并不是金,而是金可以换来的对万物的占有和支配,而更深入的目的,则是通过对万物的占有和支配,满足对幸福感的渴求。"新拜金主义"的传播要点是:1、形成话题,引起社会关注;2、与新中源新品类金妆砖相结合,形成关联性;3、传递一种励志、积极、奋斗、向上的人生态度。为此,我们推出了"新拜金主义"的"拜金体"。

不拜金,生活不快活!

不拜金,幸福无着落!

# 第五章
## 开启业绩倍增模式

不拜金，养不起新娘！

金妆砖的"新拜金主义"在传统媒介与网络媒介发布后，引起了陶企行业与陶瓷市场的强烈关注，并引发了热烈的讨论，消费者与经销商在反馈的意见中形成泾渭分明的两大阵营，大多数赞成"新拜金主义"的观点，有不赞成的，很好地与新中源形成深度互动，为新中源金妆砖上市摇旗呐喊。

一波未平，另一波又起，在话题炒作预热了一段时间后，金妆砖正式上市，推广了"活，该金彩"的广告运动，把产品上市推向高潮。

在2014年初召开的全国经销商大会上，经销商纷纷订购，当场回笼资金九千万。在房市低迷的困局中逆市飘红。

## 三点式营销的几种形式
### 一悬一答式

即这一次设出悬念，下一次解答悬念。

"选择百雀羚，美过黄永灵。"这是百雀羚打出的悬念广告语。

微博上、微信朋友圈、论坛上大家都在议论："黄永灵"是谁？

秘密在慢慢揭开，黄永灵身份正式揭晓，她既不是明星，也不是大美女，她只是百雀羚公司的一名文案。她出身平凡，长相一般……

且听品牌娓娓道来。黄永灵是2012年9月来到百雀羚公司做文案，当时的她性格内向，沉默寡言，经验不足，而且资历平平，曾多次因所做文案无法满足总监的要求而自卑,甚至想过要放弃。

但是,种种磨难并没有压垮她,反而把她历练成了一名女汉子!在不到一年的时间里,她从一个菜鸟成长为文案组组长。今天的她,工作能力出色,谈吐幽默自信,虽然长相普通,但她那股由内而外的自信,却是她身上最独特的美。

选择百雀羚,你也能成为黄永灵。包袱抖开,成功将观众的焦点从黄永灵转移到百雀羚品牌所代表的自信美身上。

**一悬多答式**

即这一次设出悬念,接下来的几次解答悬念:

2014年2月14日13:58,当当网官方微博发出一条提出疑问的微博:"什么样的投资能达到10%?2月18日,谜底揭晓!"

过了几天,当当又发一条微博:"什么样的投资收益能超过10%?2月18日,当当等你!"

"当当网要做理财产品?""当当网年收益10%的产品2.18上线?""当当也要理财了?"……众多网友及业内人士顿时好奇心大起,该条微博瞬间被转发超过7000多次。

当当网将推理财产品,一时成为媒体报道的重点,10%的高收益吸引了众多人的眼光。"2.18当当等你"吊足了网友胃口,众多网友将目光盯在当当网上,等着"2.18"这天的到来。

揭开玄机,为淡季促销造势。

2月18日上午,当当网"2.18"悬念终于揭开——投资大脑!唯一回报率超过10%的投资项目,当当网春季书籍大促销开始启动,至此,人们豁然开朗。

情理之中,意料之外。

**多悬一答式**

即在一个阶段内,围绕一个主题分批设出悬念。

笔者想起自己刚毕业来广州找工作时用的悬念广告策略,一个刚从学校毕

# 第五章
## 开启业绩倍增模式

业的年轻毛头小伙子,一没经验二没人脉,有的只是对广告创意行业的满腔热情。为了能进入一直梦想中的著名 4A 广告公司工作,笔者改变盲目向各大 4A 公司寄简历的策略,决定用创意的方式把自己巧妙卖出去。

于是,广州某知名 4A 广告公司的传真机上便出现了一份只有廖廖一行字的传真:"耐心地等几天,您的公司将会得到一份旷世奇物……"当然,署名是该公司最牛 B 的创意总监收。

第三天,该公司的传真机上又出现一份传真:"再等等,再耐心等等,两天后,它将会出现在您面前……"没有任何其他信息,还是署名创意总监收。

第五天,早已被吊足胃口的公司员工们,连同那位牛 B 的创意总监,早早就围聚在传真机旁,望眼欲穿,终于盼来第三份传真,一个年轻人的全身照,但被撕去了脑袋,下面一行字:"打这个电话135×××××××我提头来见你!"

结果呢,笔者顺利得到这份梦寐以求的工作,成为这家知名 4A 广告公司的一员。

三点式营销的核心就是要毁三观,不要放弃治疗。

摧毁大众现有认知的价值观,提出新的观点,让大家参与互动讨论。

## 媒介投放突破
## ——100 万的预算,1000 万的投放效果

综艺娱乐节目,视频网站、垂直媒体以 15 秒 TVC、动态动画为主要投放方式,投放内容以形象广告为佳,因为这些是传统的互联网 1.0 媒体,交互性弱。而在社交媒体上要投放公关、话题、促销、新品上市等功利性营销广告,因为可以直接带来转化率。

# 出位

#### 如何用互联网思维破除瓶颈

转化率直接取决于你在媒体上出现的次数,每一次的出现,用户都可以马上点击到你的电商旗舰店或者官网,直接购买支付,这和传统媒体的曝光度所达到的目的完全不一样。

### 突然袭击法

下面我们来聊聊媒体投放引爆的技巧,只谈形式,不管内容。

这种方法适合新品上市和楼盘开盘广告。

一个城市的市民,前一天还没有觉察到丝毫异样。可是等他第二醒来早上上班时,突然发现城市所有的户外都换成了某某新品上市的广告,走到哪里都能看到。

会不会给他足够的震撼。

肯定会!

这就是突然袭击法,在媒介预算有限,不能持续投放砸市场的时候,还不如集中火力,在很短的时间点突然投放,引起震撼式扩散,让用户无从躲藏,让对手猝不及防。

2013年11月8日,所有打开电视观看东方卫视的观众惊奇地发现,当日全天所有的广告时段,都在轮流播放茵曼、裂帛、阿卡三个女装淘品牌广告,为即将来临的双十一大促造势。

这种聚集激光式投放,为三大品牌带来爆发式的知名度提升,首开媒介创新式投放的先河,可以预见,以后这种颠覆式创新营销会越来越被更多的企业探讨使用。

### 跳跃式广告投放

很多中小品牌同土豪企业没得比,不能很豪气地拿几千万或者上亿的资金砸向媒体,但又不能不投放广告。

如何用100万的预算达到1000万的投放效果?

## 第五章
### 开启业绩倍增模式

这就需要讲究媒体的投放策略。所谓的跳跃式投放，就是让消费者感觉在很多地方很多时候都看到品牌的广告，这就需要广告投放时段的错开和媒体选择的错开。

譬如，如果是新产品上市，笔者建议先集中在分众或者门户网站首页集中投放一个星期，高频次集中式轰炸，让广告无处不在。

等到第二周，可以减少投放频次，隔天投放，今天投分众，明天投门户首页或者地铁视频，这样既保持了品牌曝光度，又节省了媒介成本。

第三、四周，周一和周四在分众投放两天，周二和周五在地铁投放两天，让用户有个心理错觉，感觉品牌的广告没有减少，无论在地铁还是写字楼的分众屏上都经常看到。为什么不投周末，因为周末大部分网友都在休假或者和家人在一起，碎片化时间反而变少了，不太关注地铁和分众的广告内容。

再往以后广告的投放频次可以保持在一周一次，将媒体错开交叉投放。让用户还是会经常看到广告，误以为品牌一直在持续高频次的投放。

两个月以后可以在分众上每月投放一、二次，用广告唤醒品牌的意识。

这样的跳跃式投放方式是根据用户的遗忘曲线来制定的，因为7天如果用户没有接触到你，她就会忘记你，这个时候你要出现在她面前，唤醒她对你品牌的记忆。

很多企业主认可这种媒介的投放形式，但担心媒体不会答应这样的方案。其实不必忧虑。媒介环境早已不是强势媒体的时代了，谈判桌上可商榷的余地大，可以和媒体签订年度协议，把一年的预算做大点，先投放这波看效果。

依笔者和媒体打交道多年的经验来看，虽然中间会经历很多轮谈判和折腾，最后一般还是会有一个共赢的结果。

## 傍大款——小三的逆袭

不要不好意思当小三，如果你没有当大款的能力，先当小三，然后再借势逆袭上位，这是很多中小品牌成长为大品牌的必经之路。

借势有三种：借势事件、借势流行、借势名人。

### 借势上升事件

2014年2月8日，第22届冬奥运动会开幕式在俄罗斯索契的菲施特奥林匹克体育场举行。在开幕式上呈现奥运五环的方式非常独特，五环由雪花慢慢转化而来，从空中飘落，不过这一关键创意节点却出现了重大的乌龙，在现场有一片雪花未能转变，于是便出现了奥运五环变成"四环"的一幕。

可是就是这样一次乌龙事件，却成了商家宣传品牌的大好时机。嗅觉灵敏的淘宝卖家们将T恤、卫衣、手机壳、优盘都印上"故障五环"图案大作文章，趁机捞金。

更有创意的是双微上各大商业品牌公众号纷纷借机营销。

红牛的官方微博用四罐打开的跟一罐没有打开的听装红牛摆出奥运五环的形状，打出了"打开的是能量，未打开的是潜能"的广告语，不少网友更是赞其好文案。

而奥迪官方微博打出的标语则比较调侃，配了一张五环变四环的"乌龙图"，文案是："上面那个，真不是我们整的"！

而杭州一家售卖杭白菊的店家打出的标语更是赤裸裸，一上来便是感谢索契奥运会为我们桐乡杭白菊做了一次植入广告！关键是我们没花钱。

# 第五章

## 开启业绩倍增模式

### 借势当下流行

如果说事件借势是众多商家自发推动以盈利为目的的功利性借势,那么流行借势就是一场网民自发参与的,属于屌丝们自己的狂欢盛宴。

只要是流行能够引起网民共鸣的热点,大家都会自发参与智造传播。

2014年春节前后,"马上体"迅速在网上走红,"马上有钱"、"马上有对象"、"马上加薪"、"马上升职"……

新年是一年的总结,又是来年展望的开始,加上2014是农历马年,正好切中网民的期盼点,所以马上体在网上大热,引发网民自发式的狂欢。

### 借势热点名人

我们将名人资源归类,分为领袖人物、权威人物、典型人物。

领袖人物:特指在社会有一定的政治和社会影响力,具有非常广的人脉资源,有精神领袖气质,一呼众应。经常有惊世骇俗的语录流传出来。如任志强、李开复、王石等。

权威人物:在该行业作出过突出贡献,在专业上有绝对的话语权。如钟南山、袁隆平、易中天等。

典型人物:特定条件下的产物,代表典型的社会追求及大众流行。如娱乐、体育明星、感动中国的十大人物等。

名人借势营销不是说花几百万找他们做代言人,那样就根本不用借势,直接利用名人的效应做广告就得了。借势是巧借名人的知名度,以最小的成本达到最大营销效果。

本来生活网在推广褚橙时,巧借名人资源,就打了一场绝妙的名人战。

2013年11月16日,韩寒发了一条微博:"我觉得,送礼的时候不需要那么精准的……"附图是一个大纸箱,上面仅摆着一个橙子,箱子上印着一句话:"在复杂的世界里,一个就够了"(韩寒创办的"一个"App的口号)。

微博一发出,便引来众多粉丝围观,甚至有网友调侃"韩少应该后悔当初怎么不把一个叫一车或者一吨"。看官们的各种会意打趣,加上韩寒故作无奈的语气,引来300多万人次阅读,4000多个转发评论。

青年美女作家蒋方舟为褚橙包装题写的一句话是——"根看果实不过是一小段距离,只有果实知道,那是多么长的路"。这一句解读褚时健坎坷人生的话语,被写在一千张限量版书签上,将随着一千本蒋方舟新书《我承认我不曾经历沧桑》,送到购买这款订制版褚橙的消费者手中。

名人借势营销要结合名人本身的特点和属性来营销,如果韩寒和蒋方舟只是简单的一句广告语:"我推荐褚橙!"这样的广告效果就大打折扣。

领袖人物一般适用提升品牌形象与美誉度的营销活动,例如任志强为阿拉善SEE公益机构作宣传,李连杰为壹基金作宣传推广。

权威人物适合新品上市初期借助权威人物在行业的权威与专业度迅速打开市场,例如道地阿胶利用公众不清楚怎么科学吃阿胶的模糊认知,聘请一大帮国药大师侧面推荐自己。

流行人物适合作短期的促销宣传,形成,消费节点,如上文提到的蒋方舟为褚橙做促销,roseonly(一生只送一个人的玫瑰)选取娱乐明星在微博上为自己作宣传。

## 明星变名品——怎样消费明星?

很多品牌喜欢邀请明星做代言人,请明星做代言人最大的好处是利用明星的知名度迅速打开市场。但请明星除了考虑明星的知名度,还要综合测评明星的风险,如果该明星平时的表现奔放不羁,就有可能在未来的哪天做出格的荒唐事,迅速伤害到代言品牌。

# 第五章
## 开启业绩倍增模式

写这篇文字的时候,据媒体报道,从《媳妇的美好时代》迅速蹿红的黄海波,因为嫖娼被拘,奇瑞汽车旗下旗云品牌请黄海波代言的广告主形象大受损害,在网上被网友恶搞,旗云似乎已经淡出了我们的视线。

一向以好男人自居的男演员文章也出轨了,和女明星姚笛在一起一年多,这样的绯闻事件迅速伤害了两人的形象,网友们在网上口诛笔伐,要联合抵制他们两人出演的电视剧。

很多企业请了明星,却不会消费明星,没有把明星的价值最大化。花了几百万请明星,就是让明星在电视上扭几段舞蹈,然后将明星大大的照片和产品合影海报放送终端。白花花的银子花出去了,却没有借势放大传播,看着都心疼。

明星最大的价值是什么?就是他的知名度,我们就是要借助其知名度为品牌作推销背书。

怎么样去消费明星?

从产品开发开始,不要让消费者因为明星来找产品,而要让用户因为产品来找明星!

明星本来就是为品牌服务的,千万不要犯一个错误,受众看完这个广告,记住了明星,却没记住这个品牌,这比窦娥还冤。

邀请明星之前,要根据明星的气质属性特点为其订制一款专属产品,以产品为主角,明星主要来卖这款主推产品。

这样做的好处有两点,产品和明星的融合度非常高,受众会记住这款产品,在网络上搜索并会去专卖店寻找。

即使用户对这款产品感觉不太适合自己,我们已经成功把用户吸引到专卖店或网络旗舰店,用户有可能会对其他款产品感兴趣。

其次,用户在人际传播分享内容时,讨论的主角不再是明星,而是产品,用户对明星的喜爱要找一个精神载体来寄托,买回来这款产品,就感觉是明星陪伴在他身边。

明星款产品怎么来开发？

最简单的方式是将明星的照片贴在产品或者包装上，还有另一种比较取巧的方式，将明星的属性植入到产品里面去。

例如一款智能电视邀请林志玲做代言人，完全可以将电视的开机画面换成林志玲的形象，用户开机时让林志玲开口说一句酥到骨子里的娇娇话："你好，我是林志玲，我在某某 TV 里等着你哦……"让林志玲一直为这个品牌的电视代言下去。

高德地图在电视广告和 APP 导航地图里植入林志玲嗲嗲娇娇的声音，就是一个非常聪明之举，多少宅男为这个声音睡不着觉。

有一款"叫床"的闹钟软件，里面植入各种明星的照片和声音，用户可以订制自己喜爱的明星声音，每天叫自己起床，早上被林志玲或者范冰冰等女神们叫醒的感觉真好。

品牌聘请明星代言，不是营销部门的事，而是公司的大事，企业所有部门的人都要参与进来，将明星身上的价值利用到120%。

要召集所有产品开发、渠道、物流、营销等相关部门，一起探讨将明星融到产品开发、广告宣传、用户体验全环节的可能性。

品牌和明星的签约有一定的时间限制，一般是两到三年，要让三年后续约到期，已经卖出去的产品还有明星为我们的品牌代言，多划算的买卖！

### 明星参与互动传播环节

突破性创新理论的核心就是话题，话题本身就是内容，就是传播源。

现在很多品牌没有能力邀请明星代言，都一个劲地往明星身上蹭，对于我们已经花了大价钱聘请了的明星，当然要好好利用他。

看一个品牌借明星炒作自己的聪明做法。

# 第五章

## 开启业绩倍增模式

> 潘石屹声称，他一个多月只喝果蔬汁，加上锻炼，瘦了10斤。并四处兜售"果蔬汁减肥"法，引来林志玲、任志强、邓超等热烈回应，社会各界就"潘式减肥"的功效展开激烈讨论。

笔者从VQ鲜榨果汁网站获悉，这个品牌源自英国，其在北京、上海、深圳、成都、郑州、西安等城市开设了大量的鲜榨果汁吧。

在走访上海的日月光门店时，顾客里三层、外三层在排队，口碑极好。据经常光顾该店的谢小姐说："看着从冰箱里拿出来的石榴，在2分钟内去皮、剥籽，变成了一杯鲜榨果汁，就觉得特别清凉。"

这个VQ鲜榨果汁品牌是个聪明的企业，他们从潘石屹在微博上为各路明星榨果汁的新闻里看到了商机，隔空喊话潘石屹代言。其实他们根本还没有这个实力请潘石屹夫妇代言，但很多用户看到了这篇报道，还误以为潘石屹就是他们的代言人。

有想法的营销人真多。

聘请明星要和明星的属性相结合，例如刘烨在微博喜欢卖萌抢沙发，被网友誉为沙发帝，左右和顾家沙发完全可以请刘烨来做代言人。这样会获取一大群年轻的用户，轻而易举将刘烨的卖萌资产转移到左右或者顾家沙发的品牌资产里面去。

联邦家居从2013年开始在全国各地进行中国好家居的娱乐传播，所聘请的明星都是中国好声音的著名学员，这也是一种品牌资产转嫁运用得非常好的策略，衬托着联邦家居向年轻化、时尚化转型。

邀请了明星代言，不要只是简单地开个新闻发布会，然后在网上发几篇软文，"某某明星签约某某品牌，携手共创中国好家居"。

这感觉好像是给你准备了一大堆精美的食材，你却把菜给乱炖了。

# 出位

## 如何用互联网思维破除瓶颈

你觉得开一场新闻发布会,发几篇软文,用户就有兴趣去关注你的品牌,在朋友圈疯狂转载传播吗?

不会!

你完全没有勾引起让受众分享的动力和理由,他花几秒钟分享这个信息的兴趣都没有。

那要怎么做?

还是以林志玲为例,如果邀请她代言一款豪华汽车品牌,我们可以这样来运作。

"为林志玲物色男朋友"!号召网友们一起为我们的女神物色男朋友,这个话题一出来,无论屌丝还是精英们都坐不住了,女人们同样也嫉妒的安不下心来。

于是大家纷纷支招,林志玲的男朋友应该是这样这样的……大家为一个自己根本帮不上忙的事情讨论得热火朝天,引发微博、朋友圈疯狂刷屏。

第二波,"林志玲对男朋友的要求是……"大家明知道肯定是个广告,但还是乐此不疲的出主意,有调侃的,有看热闹的,有看评论的,有出馊主意的……

第三波,"林志玲的男朋友将在6月18日现身广州……"于是大家都期待6月18日,当天,林志玲出现在某品牌新车发布会现场,宣布为某新车代言。

这样的话题,才算是将明星用得活灵活现,才会调动广大网友的兴奋点,一波接一波到高潮。

一切行业皆娱乐,无论是在品牌营销的哪个环节都适用这个准则。就在这本书即将付印的前夕,网上已经证实了刘强东和奶茶妹妹相恋的消息,屌丝捧红了女神,送给土豪,令多少屌丝心碎欲绝。

### 明星植入品牌体验环节

其实只要放开思维,把握一切行业皆娱乐的原则,每个环节都可以将明星资源放大植入。如果你是一个电商网站,你可以将明星的巨大头像印制在

# 第五章
## 开启业绩倍增模式

所有快递员的胸前背后"某某明星与我一起为您服务"。

每天成千上万的快递员奔波在各小区、写字楼，本身就是一个流动广告。你还可以将明星照片印制在包装盒上，有明星的手写签名，购物盒里还可以送明星的海报照供用户收藏。

用户在消费体验时会觉得非常有新意，她将这些惊喜发到微博和朋友圈，又会形成一波又一波爆炸式的互动传播。

在所有与用户的接触点上切入明星资源，这样消费明星，才不枉我们花的那几百万。粗放式的明星代言已经落伍了，从用户体验环节去消费明星，比在电视上摆几个POSS，开口为你的品牌说一句话来推销品牌会有效果得多。

明星是用来娱乐大众的，我们要用娱乐的态度让大众和你一起去消费明星。

## 媒体的创意策略——影响有影响力的人

怎么样运用双微传播？

我们先来分析下双微的属性，娱乐、互动、分享、小屏、碎片化，这些是双微的共同属性。用户在微博上获取资讯，而用微信参与社交。但他们的广告信息流都以内容为导向，所以说我们要在微博上传播话题，而在微信上是为了直接促进销售。

> 微博是短期的契约关系，而微信是长期的契约关系。

来看看实例，因为微博具有媒体属性，例如为"林志玲寻找男朋友"等具有娱乐新闻点的话题，极易引起网友间的互动传播，这种新品上市等话题的炒作，

# 出位

### 如何用互联网思维破除瓶颈

在微博上比在微信上传播的速度要快得多。

因为每一个大 V 都拥有百万级的粉丝量，而微信朋友圈的粉丝量比较少，与微博大号根本没有可比性。何况微信订阅号每天才可以推送一条消息，服务号每月才可以推送四条消息，传播的时效性大打折扣。

但是微博也有显著的缺点，粉丝大部分是陌生人，对传播的内容虽然会参与转发，但忠诚度不高，不会轻易出手产生购买行为。并且微博和支付环节还没有完全打通，对于用户而言是个障碍。

而微信的社交属性决定了它传播话题没有微博那么快，也没有那么广。但微信朋友圈和自媒体群主的熟人间互动性强，忠诚度高，只要是好的产品和服务，由于朋友推荐或自媒体群主的号召，极易发生购买行为。

这是因为大家对朋友和群主有个信任的基础心理，知道他们不会骗自己。并且微信绑定了支付，用户可以完成从产品的信息了解到购买过程的无缝链接。所以在微信上应该避免投放时效性较强的话题，而是直接售卖商品，只要产品能够满足大家需求，销售效果一定会更好。

**娱乐植入营销——植入到用户心智里**

首先，笔者不太赞同电影的植入营销，共投入和效益并不能成正比。

为什么？

电影大部分时长最多为两个小时左右，因为时间短，所以情节和故事节奏比较快，品牌在情节里面的植入通常会比较生硬。

你看联想电脑、美特斯邦威在《变形金刚3》里的植入，只在画面上出现几秒钟，一闪而过，和电影情节根本没什么联系。这样的植入起不到品牌传播和提升的效果。最好的方式是将电影的情节和产品功能融合起来，不要让产品成为情节的配角，而是成为主角。

如雪佛兰在《变形金刚》的植入，雪佛兰跑车就是电影的主角之一。《007》

## 第五章
### 开启业绩倍增模式

系列电影里的汽车广告,男主角的座驾就是该品牌的轿车,通过电影情节,将该跑车的功能展示得一览无余。

但这样的植入是在电影剧本的编写阶段,品牌就要开始介入了,费用高不说,后期剧本的把控也很难掌握。何况中国的电影走的都是大导演模式,导演会为了电影的艺术和观赏型而排斥这种植入,极有可能在电影上演的前一天一刀将品牌的植入镜头给剪了一半,不可控的因素太多。这是由电影制作的整个产业链条所决定的,由不得品牌商的选择。

而综艺娱乐节目、电视剧、网络脱口秀等不同,这些节目具有热度持续播放时间长、产品容易植入情节里等特点。因为长期的持续热播,品牌可以在线下终端配合路演、节点促销等扩展型的营销活动。

综艺节目一个话题持续的热点会很长,例如《爸爸去哪儿》每周都有一个话题炒作出来,对我们赞助商的品牌提升是非常有效果的。品牌可以通过官方微博微信与用户互动,做非常多的地面营销公关活动。

电视剧一般在三十多集,情节不像电影安排得那么紧凑,可以不断地将产品融入到电视剧的故事情节中,用户更容易记住和理解品牌,加强印象。

同样,电视剧在电视上播放后,在PPS、PPTV等视频网络上也会被大量用户点播,品牌持续地展示,效果会比电影里几秒钟的一晃而过要好得多。

借势营销的借只是手段,而借之后的造势才是营销成功与否的关键。金龙鱼成为《爸爸去哪儿》的赞助商后,线上线下发起了热炒"只卖给爸爸的油"这个概念,无论你在地铁、公交、微博、朋友圈,金龙鱼都在刷你的眼睛。这才是找到了借势营销的真谛,而另一个主赞助商999感冒灵,基本没有利用《爸爸去哪儿》的热播造势放大,错失营销时机,可惜!

在借势营销中,一切为营销而变。每年的双十一,商家们绞尽脑汁做出位营销。我们要把思维方式转变一下,不仅要在营销方式上做出新花样,还有产品的开发及包装也要随营销主题而变,很多企业已经慢慢开始变化,可口可乐的昵称瓶，蒙牛优益C，瓶身上印上"你是我的菜"、"无肉不吃饭"等讨好年轻人的语言。

我们在给一家电影院做双十一的营销方案时，主张广告语为："今天，我们没有单号"。将电影院的单座座号全部改为相邻的双号，然后再加一个加号，例如13号改为12+，27改为26+，以此类推。

每年的"双十一"临近，网络上都会出现很多来自草根的调侃，号召屌丝网友们在单身节当天将电影院的双号全部买走，拆一对是一对。据一些媒体报道，在南京的影院果真有好事网友将"11.11"的双号全买了。

我们在"双十一"抛出这个促销主张，能够在铺天盖地的常规促销中一下跳出来，引起网友自发调侃转发。

将"双十一"节点营销商业化发挥到极致的，笔者觉得当数彩虹糖案例，不仅专门为"双十一"拍摄了TVC广告片，还在产品上做了大量应节订制化开发。例如"双十一"当天彩虹糖的天猫旗舰店只卖单色的彩虹糖，开发了一系列双节棍装的包装、彩虹糖单身证等促销品进行派送，取得了较大的市场效益。

### 话题造势——引爆思维，成功逆袭

2013年8月，《南方都市报》刊登了系列整版纯文字广告。

广告一经刊出，网络及社交媒体上顿时炸开了锅，大家都对这个神秘的小三张太产生了浓厚兴趣。

其实，这不是什么小三挑衅前任，而是韩后化妆品为推广自己品牌所做的广告，我们来看看韩后的炒作思路。

先在传统媒体引爆造势：小三是一个社会问题，前任和小三的斗争，无论男女老少都非常关心的一个话题。

然后在社交网络上热炒，注意，现在的社交媒体不分地域，所以韩后只是在广东地区有影响力的《南方都市报》上刊登了整版，从而引爆全国网民的持

# 第五章
## 开启业绩倍增模式

续热议。

第二波，很多网友在当初被话题引爆思维后，大家聚在一起讨论，一部分网友明白这肯定是一个广告炒作，于是大家猜，是哪个品牌这么胆大，竟然引爆这么生猛的话题。

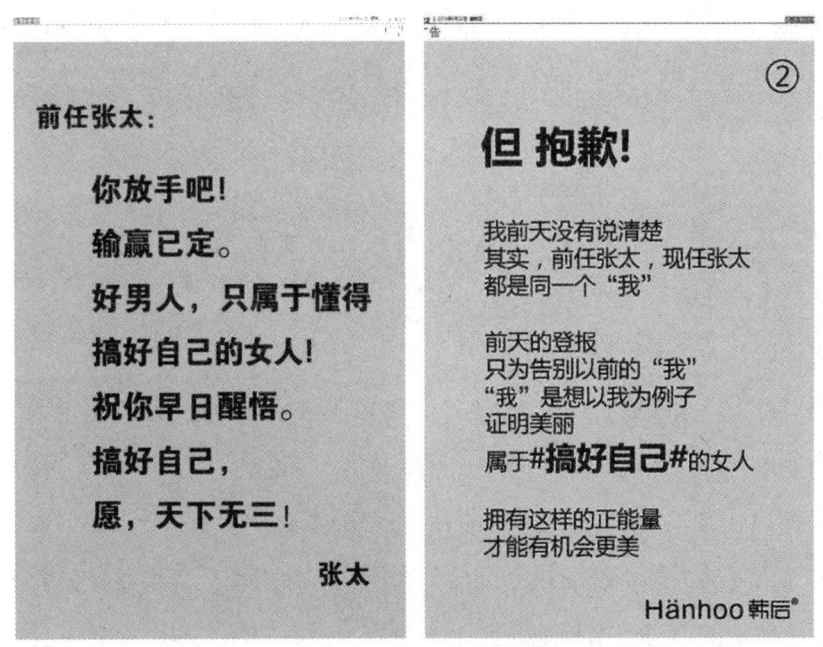

第三波，通过企业的主动放料和广告公关公司的引导，大家都把广告主指向一家叫韩后的化妆品，短短几个小时韩后品牌在百度的搜索指数冲到了第一位。

第四波，企业主动刊登广告澄清小三体，真相大白。韩后这个化妆品品牌迅速进入千万用户的心智中。

造势要掌握两个关键点：一是要选取热点争议的话题，二是要从传统媒体引爆。

选取热点话题很容易理解，为什么要从纸媒引爆呢，微博上随便几个大V发一下不就可以了？

# 出位

### 如何用互联网思维破除瓶颈

不对,纸媒影响的用户面比网络媒体广,比网络更权威,更容易引起争议。可以这样说,韩后小三体这则广告,不是做给普通用户看的,而是做给传统媒体人和宣传主管机构以及政府机关的专家教授卫道士们看的。

南都和韩后从一开始就明白了这点,政府宣传主管部门打压、其他传统媒体的持续跟进报道,专家教授一个个接受采访,都是在品牌主的意料之中。

韩后的小三体广告让韩后品牌成功逆袭走到大众舞台,而杜蕾斯的"北京暴雨鞋套"营销事件,却注定只是一个网络营销的经典案例,而没有引发全民社会的话题大讨论,这就是区别。

借势是借用已经正在发生的热点事件进行品牌活动营销,造势是自己创造一个话题进行营销,当然是后者的引爆性强。

借势适合品牌形象提升和快速增加销售,而造势更适合新品牌的推广发布。

我们在为广东联通推广"沃在广东"微信服务号时,就用了造势话题炒作,为懂先生招亲。广州的中华广场、正佳广场、万菱汇、上下九步行街、北京路……同时出现名叫"懂先生"的帅哥现场招亲,你会不会上去一探究竟?

突然出现的大帅哥现场招亲你会不会围观?如果他一言不发,你会不会想更多地了解他的信息?如果他还是个紧身衣带黑超的怪大叔,你会不会拍照上传?体验过后,你会不会好奇是谁主导了这一场大戏?

## 第五章

### 开启业绩倍增模式

# 危机公关，你准备好了没有？

网络时代的危机公关，重点不在"攻"，而在于"关"和"开"。

因为一个品牌，每年出厂数以百万甚至千万计的那么多件产品，公司那么多的客服人员，不出一点差错是不可能的。

无论是哪个企业都不可能做到100%完美。无论你是如何努力和小心翼翼，都会出现得罪客户、得罪媒体、得罪对手的时候。

但是在互联网信息快速传播时代，只要一个小小的疏忽和瑕疵，一旦被媒体曝出，有可能一夜之间就打倒一个品牌。有争议并不可怕，可怕的是形象倒下，再在公众心里建立起信任度，那就非常难，难于上青天。

危机事件出现了，怎么办？

首先，要关。要在全公司上上下下贯彻闭嘴的意识，这个时候，说得多，就错得多，公司需要统一的出声来澄清事实。

除了公关部的人，任何人不得随便接受媒体采访，员工不得在公众面前泄露公司的流程和机密。关上门可以说，在公众面前就不能多言。

马航飞机失联发生后，马航、马来西亚军方、马来西亚政府各自发出自己的声音，又相互否定。

公众搞不懂哪个消息是真实的，从而引发国际社会对马航飞机阴谋论的猜测，马来西亚政府无能无力的表现，让其国家形象在国际社会上一落千丈。

再次，要关上门埋头搞质量、搞服务、搞管理，只要家里干净，内心坦坦荡荡，就不怕鬼敲门。

最后，要关上失落的心情做危机公关预案，为什么说是失落的心情，因为无论哪一个品牌哪一家企业，都会遇到危机到来的这一天，没有哪个会幸免，所以我们要提前做好预案，随时等待那一天的到来。

除了"关"，还要学会"开"。

第一，以开放透明的心态和媒体政府打交道，只要心里没鬼，不必担心敲门；

第二，以开放的心态监测舆情发展方向，一旦有负面报道，要在第一时间和媒体沟通处理掉，因为在媒体和公众面前，我们品牌常常处于弱势地位。

第三，将自己的服务和产品开放给用户，构建品牌的魔力标签，笼络品牌的核心领袖粉丝。这样在危机来临的时候，这群用户会主动挺身而出为你说话，这比媒体的报道会有用得多，公道自有人心在。

第四，危机出现后，要以坦诚开放的心态面对媒体和公众的质疑，态度要诚恳，要把事件当做是件特殊孤立的事件，而不是品牌的常态化错误，这样大家会原谅你。人非圣人，孰能无错？每个人都不能保证自己这一生从未犯过错。

### 如何化危为机？

一对情侣吵架了，男方向女方道歉。女方可以不要礼物，不要甜言蜜语，女方要的是男人勇于承认错误，要的是男人足够诚意的对不起。

女人有了男人足够诚意的道歉，不但会原谅男人，而且对男人的爱会更深一个层次。

如何将危机变成机会，也同样是这两个字："诚意"。

同样是两个侵略国家，德国政府对所侵略国家的道歉态度就非常有诚意。1970年12月，社民党总理勃兰特在华沙犹太人殉难者纪念碑前双膝下跪，作出了举世瞩目的谢罪姿态。

而日本对亚洲国家的侵略所造成的浩天大罪，一直不愿意承认和道歉，日本政治阶层的多数还在示威性地崇拜昔日的战争英雄及一些军事领导人，对战争受害者几乎只字不提，更不提及遭受到日本侵略的那些国家的死难者。

# 第五章
## 开启业绩倍增模式

德国赢得了世界所有人的尊重，而日本和周边中国、韩国等一衣带水的邻居关系处理得并不是很好，周边国家日夜警惕日本的军事扩军动向，一旦有风吹草动，立马干涉和加强戒备。

品牌对用户的态度也是如此，只要你拿出足够的诚意，用户会接受你的诚意道歉而原谅你，对品牌的信赖反而会更深一层。

## 比附策略——世界上没有真相，只有认知

> 比附策略就是弱小品牌利用第一品牌的知名度，将自己与第一品牌放在一起比较，让用户感觉它和大品牌处于同一阵营，从而形成心智错觉，认为其就是第二。

前文所提到的暴风影音，打出"我们是老二，仅次于优酷"的广告语，就是利用比附策略成功上位。

1999年，牛根生注册蒙牛。当时的伊利已经做到了全国第一，初出茅庐的蒙牛根本没办法和伊利相提并论。牛根生是个伟大的营销人，他聪明地利用伊利的知名度，为蒙牛做背书，让消费者误以为蒙牛是和伊利都是来自内蒙古的大品牌。

我们来看看创业之初蒙牛的广告："蒙牛，内蒙古第二品牌"、"千里草原腾起伊利集团、兴发集团、蒙牛乳业；塞外明珠辉照宁城集团、仕奇集团、河套峥嵘蒙古王、草原独秀鄂尔多斯……我们为内蒙古喝彩，让内蒙古腾飞。我们共同的品牌——中国乳都呼和浩特"。

将弱小的蒙牛和内蒙古的大品牌放在一起，消费者也顺理成章以为，蒙牛

# 出位

#### 如何用互联网思维破除瓶颈

也是来自内蒙古大草原的大品牌。

笔者有一位在国际著名公关公司就职的公关人朋友,他告诉我,在苹果手机大出风头的2009、2010那几年,三星手机要求他们公关公司所发的关于三星手机的媒体通稿和软文,凡是有和同行比较的数据或参数,一律要拿苹果手机相比较。

久而久之,在用户心目中,三星就是与苹果齐名的智能手机品牌,现在的三星,已经成功逆袭,成为全球智能手机第一品牌。

**全程购物无缝链接**

现在的客户将传统媒介公司逼得越来越没有出路。我们是广东联通的品牌代理服务商,准备为联通推广一项新的3G业务,为了快速上市,客户把分众传媒的区域老总也一并邀请过来,三方坐下来一起商讨投放方案。

联通的领导一坐下来就开门见山向分众提要求,联通对此次新品的媒介预算是1000万,可以在分众多块屏上投放广告,但联通需要分众承诺转化率。

转化率一般是互联网媒体投放的专用名词,即广告投放后能具体转化为销售量化的效果。我们在互联网上投放,多少点击率,多少转化为销量,一目了然,互联网已经习惯了以量化指标来衡量投放效果,这是传统媒体和分众做不到的。

互联网的出现,模糊了媒体与渠道的界限。百度既是媒体,也是商品、服务的销售渠道;微信是社交工具,也是广告媒介,同时也是销售渠道。消费者在微信上见到商品或者服务广告后,可以直接用微信支付下单购买。

可以说互联网的出现,消灭了渠道,让消费者直接在媒介上接触到该广告信息,进行无缝链接购买。

因为销售渠道的变短,消费者除了和品牌可以面对面交流,还带来了另一个对品牌商利好的消息,就是缩短了消费者考虑犹豫的时间,容易让用户冲动购买。

## 第五章
### 开启业绩倍增模式

我们来想象一下两种消费场景的对比。线下时空购物，用户在家里的电视上见到一个商品的广告，非常感兴趣，有马上就想拥有的冲动。可是等她下楼，坐车，去到购物商店，热情说不定已经冷却了大半，在买单时再理性地想一想，有可能会最终放弃购买。

另一种场景，用户在微信朋友圈里看到朋友转发的一则商品信息，非常感兴趣，优惠也有足够诱惑力。用户脑袋一热，立马点击到该链接，下单购买用微信支付，全程购物无缝链接。等到用户理性想想，这商品好像对我也没啥用处，有点后悔当初的冲动，商品都已经送货到家了。

购物习惯的改变，媒体与通路的融合，都让用户对广告内容的态度发生了根本的改变。如果说传统媒体的粗放式投放是为了获取品牌知名度，而现在的用户希望见到广告的那一刻，我就能马上拥有该商品，对广告表现得非常急功近利。

未来的广告创意方向，不是为了引起用户的注意，而是要直接能促成购买行为。这要求我们广告创意要抓住用户痛点进行抨击，广告的投放形式要能诱惑用户立刻拿起手机与你沟通互动。

产品即载体，媒介即渠道。

### 付款，只是营销的开始

购物中心，销售员帮顾客打好单，然后将产品放入购物袋包好，递给用户，并一直微笑着送顾客出门，转身，长长舒出一口气。

网络旗舰店，旺旺叮咚一声响，有用户下单了。客服马上核对用户的邮寄地址、货号，然后安排仓库拿货包装，快递。直到用户给了好评，才慢慢舒出一口气。再后就是持续的客户跟踪，用大数据挖掘出客户需求，定期为客户推送促销优惠信息……

看吧，这是两种购物体验的对比，最差异化的地方就是，传统的购物体验，

# 出位

#### 如何用互联网思维破除瓶颈

用户买单,就意味着购物结束;互联网购物,用户买单,只是生意的开始,用户会持续给品牌带来生意。

我们看到了其中的核心,要不断为存量用户推出新产品,比你寻找下一个新用户要重要得多。

以后品牌的任务不是为了获取新客户,而是为了留住用户。

一个保险经纪人,不是每天打电话来寻找新客户,而是经营好自己的老客户。她的老客户里面可能包括医生、老师、校长、律师、媒体人,把这些老客户利用起来,形成一个交流社交圈,新客户就会在这个圈子不断产生。

所以,要创新,唯新不破。

营销人是最贴近市场一线的一群人,对市场温度的感知非常敏觉,也做出了非常多创新的经典案例。但我们传统的营销模式可能在现在已经不适用了,我们要从用户的需求反馈中倒推找原因,一切围绕用户需求而变,产品、渠道、传播方式、创意内容、商业模式、甚至企业管理架构,都要大胆变革。

实际上,用户比你更迫切地需要得到产品,销售行为存在于与用户接触的每一点上。即使你已经售卖出去的产品,也是一种很好的媒介载体。

当你的产品送到消费者手中,寓意着你的销售行为才刚刚开始。

在我们多次的网购体验中,包装商品的盒子只是为了包装产品而存在。但大家有没有发现,你们家过年购买的丹麦蓝罐曲奇盒子,里面的饼干被吃掉后你却舍不得扔掉,因为盒子的质量非常好,并且这个包装盒非常实用,可以作为女人的针线盒,小孩们的玩具盒来储物。

可口可乐、加多宝为什么乐意出钱,将大街小巷的士多店门头包装成自己的广告位。试想一下,可口可乐要是在广州的北京路上投放五块三平方左右的广告灯箱位,一年的投放费用至少在50万以上。可他现在只要跟北京路上的五家士多店谈好,我给你免费做精美的门头包装,还每月给你进货优惠。

就这样,可口可乐只需要花不到几万块的制作费,就能在寸土寸金的北京

# 第五章
## 开启业绩倍增模式

路上拥有了五块巨大的广告位。哪种买卖会更划算？所以快消品牌们拼命地给士多店补贴，只为占领那个门头的黄金广告位，这会给该品牌的宣传带来巨大的广告价值。

为什么不改变下思路，把我们的包装盒做得精美点、实用些，让用户舍不得扔掉，放在办公桌上，眼睛能天天看到它的地方。一旦消费者需要这个商品了，可以马上拍下包装盒上的二维码，轻轻松松等待送货到家。

还有一个建议，每件商品LOGO的旁边都带上该品牌网络旗舰店或者官网的二维码，方便用户在朋友、亲戚家见到该商品后冲动购买。冲动是魔鬼，我们营销人要利用用户容易冲动消费的心理，尽量缩短其考虑时间。

一大群姑娘们去闺蜜家做客，"哇，你家的台灯好漂亮哦，在哪卖的？""你在哪淘的这个摇椅啊，简直是太美妙了！""这件短裙咋从没见你穿过，网上还有其他的颜色吗？"相信你对类似这种场景不会陌生，一群姑娘们叽叽喳喳，别人的东西总是比自己的好。买，我也要拥有，哼！找出二维码，拍下，马上下单，明天就可以送货上门了。

互联网具有天然的渠道属性。

互联网的媒介思路是，我们要将每一个载体都要发展成为品牌的销售媒介和购买渠道。一号店在地铁媒介上构建的虚拟商店，就是这种媒介思路。

他们在地铁灯箱上密密麻麻展示商品广告信息，每件商品下方都有一个二维码，用户在坐地铁的时候，可以直接用手机拍下二维码下单购买，完成广告从宣传、展示直接到购买的过程。该广告不仅展示了品牌形象，还是个虚拟的货架。

# 第六章

# 降低成本赚更高的利润

以前广告人经常挂在嘴边的品牌知名度、品牌美誉度和品牌忠诚度这些词可以灭亡了,互联网思维下,知名度、美誉度和忠诚度直接转化为用户购买率,一个可以量化的标准。

企业的CEO们,不能再躲在品牌幕后指挥,马上站出来,你的每一次亮相,都有可能直接带动你的品牌数以百万级的业绩增长。

你的广告费，有多少被浪费

# 第六章

## 降低成本赚更高的利润

## 让广告变得不像"广告"

在我们生活中,各种广告无处不在,但大多数都是展示性的硬广,都是以伤害用户为目的的简单粗暴式的填鸭广告,广告效果难以体现价值。

是时候研究"如何让广告变得不像广告"这个课题了。

> 网络营销的崛起,将会让广告和内容越来越融合,界限越来越模糊。不少业内人士曾表示:未来的广告要成为整个信息阅读的一部分,在内容和广告之间建立关联。让用户看到信息的时候能够比较自然地看到广告,甚至产生购买和消费欲望。

有一句话是这么说的:什么叫广告?我们只是让广告出现在错误的地方,所以才叫广告,如果出现在用户所需要的地方,那应该叫信息!

在用户留给广告少之又少的注意力当中,单一的信息更容易让人"秒懂",

而且"小尺寸"决定广告信息越少就越有效。

在"小尺寸"的信息海洋里，一个有趣的画面，一个生动的表达形式，一个具有话题性的说法，是引起关注的首要条件。

互联网的海量信息让人眼花缭乱，将广告变得不像广告，而是变成对观者有用的信息，是广告内容化的某种解决方案。让用户主动关注，并产生好感，让广告不像广告，是广告的最高境界！

## 展示广告已死，内容广告为王

在未来媒体发展的趋势中，杂志将再也没有硬广投放，取而代之的是对品牌全方位的内容式报道。例如对一款新车的宣传，将不再是几个拉页硬广的投放，而是通过试驾，用户使用汽车生活化的场景，将新车的核心卖点和功能展示出来，这样的广告更利于阅读的趣味性，更利用在社交网络上震荡波式再传播。

**参照物式传播——我知道我的另一半广告费浪费在哪了！**
你开车去接朋友，打电话给他。
"你在哪？"
"我在广州大道中289号。"
"289号？""到底在哪？"
"广州大道中289号，就是南方报业大厦的门口。"
"哦，我知道了，你等我，10分钟就到。"
这就是一个参照物传播的典型实例，即使你天天经过广州大道中，你也不知289号在哪里，但你肯定知道南方报业大厦。

# 第六章
## 降低成本赚更高的利润

参照物传播用最小的成本，实现传播信息的最大化。

香飘飘奶茶，每年卖出7亿杯，足足可以绕地球两圈，就是利用地球做参照物，让消费者更具象地了解，7亿杯到底有多少。

我们身边经常会看到这样的例子，在一个宣传画面中看到小蛮腰、西塔、五羊雕像，不用说，肯定是关于广州的宣传内容。

空姐一系上小围裙，连小朋友都知道要开始发点心和饭菜了。

朋友向女友求婚回来，伸出两根手指组成V字形，不用问，肯定求婚成功。

参照物在人们的心目中已经形成一个固定的符号，象征固定的属性。曾经有位网友在微博上晒出一张上世纪八九十年代大红牡丹花的床单，立刻在网络被疯传，勾起大家怀旧情绪，被誉为国民传单。

因为这张床单带有八九十年代的特有印记，大家小时候经常见到，所以它就成了怀旧的参照物。

参照物和明星的效果殊途同归，它让消费者见到后迅速联想参照物所代表的信息，加强记忆，产生情感共鸣。

## 传播概念视觉化，视觉符号具象化

广告创意最大的价值就是要将所表达的概念视觉化，才能清晰的传达消费者我们的品牌理念。

我们翻开报纸杂志，经常看到这样的字眼："全球品质"、"尊贵生活"、"超值享受"、"我们一直在努力"。这些都是非常大而空的概念。什么叫超值享受？什么叫全球品质？这些根本就不叫传播，这叫赤裸裸的视觉强奸，广告最基本的目的就要让消费者记住你，然后才会对你感兴趣。

在给同益空气能热水器做咨询方案的时候，了解到用户对每天要花多少钱电费很在意，基于这个洞察，我们延伸出同益空气能的产品核心卖点：省钱。

省钱，这是个对用户很好的利益点，但省这个概念没法让用户具象感知。

# 出位

#### 如何用互联网思维破除瓶颈

你告诉我省,好,我怎么才会觉得你这个产品是省的?

经过和企业技术部门沟通,企业答复我们,一个三口之家使用同益热水器,平均每天只需要1.4度电,1.4度电很省,但要将这个概念转换成消费者可以感知的,就是钱,那就是一块钱。

每天一块钱,方便又安全。

我们把这个省电的概念转化成更具象容易感知的符号,一块钱。

一块钱能干什么,一块钱是消费者购买商品的最小单位,每天四口人洗热水澡只需消费一块钱,那真的是很省了。

将"一"的符号设计成独特字体放在终端,不仅非常醒目,而且还会给消费者一种误解,以为同益销售第一,行业第一。

一块钱,可方便终端导购员为用户解释,我们为什么是一块钱,因为我们的技术是全球领先,因为我们是空气能的创造者。

一块钱,让消费者实实在在感受到产品省钱的核心利益点。

一块钱,让终端视觉更具冲击力,识别力。

一块钱,让导购员更好的展示产品的创新技术功能点。

我们在为很多客户做咨询服务时,都用到了视觉具象化这个理论,都取得非常好的品牌传播效果。

2013年下半年,随着中国移动推出4G品牌"和",各大运营商加快了对4G的布局,广东联通也在微信公众平台上推出了自己的服务号:"沃在广东"。这是一场没有销烟的战争,各运营商摩拳擦掌,跑马圈地,准备在4G战场上大干一番。

"沃在广东"服务号试运行了一段时间后,发现大部分用户咨询业务的需求比较多,"流量是怎么计费的啊?"、"那个联通沃音乐是怎么下载歌曲的?"、"IPhone5怎么查流量"、"我的合约套餐什么时候到期"等五花八门的问题。还有的用户直接调戏客服,"能帮忙介绍女朋友不?""妹纸,你今年多大啦,

## 第六章
### 降低成本赚更高的利润

有没有男朋友？"

基于互联网娱乐至上的本质思维，我们给"沃在广东"设计了一个懂先生的视觉形象。懂先生无所不知，流量有问题，问懂先生，手机有问题，找懂先生，感情有问题，你去调戏懂先生。

懂先生具象化的形象，拉近了与用户的距离，又不损害联通沃品牌，增加了用户使用黏性。

2011年，我们为广东联通APP红围脖设计了"红围脖"的LOGO，柔软红彤彤的红围脖，尤如联通的客服贴心暖心。做地面活动的时候，台上台下的嘉宾们都系上一条鲜艳的红围脖，形成强烈的视觉冲击。

在视觉的传达上，具象化参照物的元素更容易传递和到达。

# 互联网的符号营销

品牌形象与产品形象如何构建，这是商家一直困惑的问题。形象构建始终是一项复杂的系统工程，但复杂问题可以简单解决。

我们认为，从某种程度上，形象就等于符号，构建具有一定辩识度的形象，首先从建立一个视觉符号开始。而一个强势的品牌，首先源于一个强势的符号。

慕思凯奇床垫一个睿智矍铄的外国老头，从传统终端延伸至互联网渠道，令人记忆犹新，成为传承多年的一个标志性符号。

茂德公香辣酱一个八字胡的美女形象，创意别具一格，令人忍俊不禁，在会心一笑中深刻地记住了这个品牌。

京东老板刘强东当初在确定网站标志时，力排众议，否定了众多4A公司的设计方案，选用一只狗作为网站的视觉符号，这个标志的设计者是老刘在中欧

# 出位

### 如何用互联网思维破除瓶颈

商学院的一名同学，老刘给了这名同学几十万作为报酬。据说，老刘选用这个标志的原因是"狗能压猫"，老刘深信，"天猫"干不过"天狗"。 大家热议的马佳佳，与其说是一种现象，还不如说是一种符号，从挑战传统底线的出格言论，到独树一帜的商业模式，马佳佳俨然形成一种与传统价值观截然不同的文化符号，而这种文化符号可以引发大众的广泛关注与争议，推动了产品热销。

回到为新中源陶瓷微晶石作形象包装的案子，从第六代微晶石、第七代策微晶到第八代微晶石，分别冠以 V6、V7、V8 的名称，不断在线上到线下强化 V 符号的概念，使 V 符号成为经销商与消费者选择微晶石的标准。时至今日，新中源微晶石已成长为建陶行业的领导品牌，选微晶石就选 V，已成为行业的共识。

因此，符号是一种指引，符号是一种标准，符号更是一种信仰。陶瓷企业完全可以借助符号的力量，占领消费者的大脑，操控消费者的行为、态度与信仰，使消费者在购买清单中屏蔽对手，最终选择自己。符号营销，是商家低成本打造强势品牌的重要途径。

## 内容为王——信息流是传播的原点

如果说传统媒介的广告形式是集中式展示轰炸，PC 时代是搜索式主动获取广告信息，那么现在，正在经历的移动互联网时代就是内容分享式广告。

我们在前面的第二章里提过，互联网传播重要的不是传达，而是为了让用户再传播。但用户是不会主动为你传播一个非常商业化广告的。

我们在朋友圈、微博上经常分享信息，但很少分享一则纯粹的广告信息。有内容、有故事、有新闻点的创意，用户才会乐意主动分享。

传统的展示广告在互联网传播链条中失效了，内容广告崛起，互联网时代将广告杂志化，内容新闻化，宣传娱乐化。

网上曾出现一条新闻，傲游浏览器将屏蔽视频放映前的 60 秒广告，看与不看，让用户自己去选择。强制捆绑推送式的广告越来越被用户所厌烦抛弃，用

## 第六章
### 降低成本赚更高的利润

户看不看广告,看什么样的广告,有自己的控制权,这肯定是未来的趋势。

2013年下半年,家电巨头海尔宣布从2014年起不再在报纸、杂志上投放硬广,将广告投放重点选择在综艺娱乐植入、社交网络上,这对传统广告人来说是一个非常不好的信号。硬广,与其说是被广告主抛弃,还不如说是被互联网逼死,展示广告将死,内容广告为王。

手机屏幕小,用户可以自主选择内容,根本无视广告。如果把第一代互联网的广告模式称为搜索式广告,第二代移动互联网可以称之为内容式营销。

因为用户在使用手机时,有几种行为模式:

(1)浏览器搜索式,用户使用UC、QQ等浏览器搜索品牌信息,但由于手机屏小,搜索体验并不是很好;

(2)APP、Banner这种展示形式会影响用户体验,点击转化率都极低。

(3)内容信息流式。用户刷朋友圈、刷微博时看到好的文章、有趣的行业新闻、新颖的观点都会主动分享给朋友。这些文章里面可以植入广告内容,由于内容是从朋友圈或者自媒体明星人物所分享,可信度高。相信未来几年,内容信息流会成为广告的主要形式。

建议大家闭上眼睛想一想,韩寒在上海开了家"很高兴遇见你"餐厅,我们是从哪里获得这个消息的。笔者敢打赌,一定是朋友圈或是微博上。黄太吉煎饼、雕爷牛腩、马佳佳炮否情趣店、roseonly,不用大家回答,笔者都能猜得到,有超过50%的人从微信上面获取了这些信息。

这其实就是内容营销,因为手机屏幕小,硬广是没人看的,有新闻点的内容才能获得用户青睐。简单地说,就是把广告当作新闻来传播,让所有的媒体和自媒体人、用户自发来报道你,为你转发。

内容传播的还有一个好处是,微博上、朋友圈里带有品牌名字的关键字眼,可以做相应的重点加红或者加粗优化,用户只要点击该关键字,直接通过接口转接到购买渠道。

# 出位

### 如何用互联网思维破除瓶颈

下面几种途径来实现内容广告的传播过程。

（1）讲故事：不知不觉爱上你

每个人都喜欢听故事，给你的品牌讲个传奇故事，我想没有人会不愿意听。

雕爷牛腩就是个讲故事的高手。

封测、500万买配方、名人试吃，单单这几个关键词，就引起了媒体和大众强烈的兴趣。领袖用户试吃以后在微博、朋友圈大肆炫耀式显摆，雕爷却躲在收银台后一个劲地偷笑。

这些大侠极会挑逗媒体的G点，知道小编们需要什么样的新闻填充版面。

内容营销还有一个好处是用户参与与创作，自发病毒传播，这是一般的纯展示广告做不到的。

曾经一度非常流行的凡客体、陈欧代言体、对不起体都是由品牌引爆，然后众多网民自发参与再创作，这是投放多少千万级的广告都获得不了的传播效果。

每年互联网上都会出现几个流行词汇："我和我的小伙伴都惊呆了"、"马上有钱"、"喜大普奔"……为什么这些词汇会流行起来？因为互联网传播的信息流是文字，文字汇成的信息流在网络上以光的速度病毒式传播。网民对图片、视频的加工是有技术门槛的，而文字没有，任何人都可以对文字再加工，再创作。

很多朋友又在跳起来说了，我哪有人家那么多钱。笔者要说的是，土豪有土豪的做法，屌丝有屌丝的做法。

笔者曾服务过一个美白化妆品客户。据客户介绍，其原料来自南美洲亚马逊地区草本精华，美白祛斑，渠道走的是药店专售，价格特贵。

前期投了几期报纸软文稿，来电及销量都平平，没有达到客户预期。我们重新梳理了品牌策略及消费者分析，发现了一个大问题，我们没有一个让消费者掏钱购买的理由，什么来自亚马逊啊、纯天然草本精华啊，根本打动不了消费者。

市场是有的，定价高也不是问题，广州这个南方亚热带城市，夏季长，紫外线光照强，目标群有美白的需求。况且广州的经济水平名列全国前茅，有钱

## 第六章

### 降低成本赚更高的利润

人多得是。

于是，一则关于这个品牌的传奇故事就出现在了广州的各大报纸软文版面上。

一个美国的女生物科学家，随同一群驴友来到了亚马逊地区进行科考调查。晚上，他们露营在亚马逊潮湿的草地上，谈论这片土地上未知而又神秘的一切。

第二天醒来，队友们惊奇的发现，女生物学家原本被晒得黝黑的脸上出现了一条白嫩的印痕，这个印痕好像是某种生物元素将脸美白的效果。

于是女生物学家留了个心眼，趴在昨晚睡过的草地上，发现有一株她从未见到过的、被压折断了的小草，那株小草的折痕刚好和自己脸上的印痕相吻合。

女生物学家搜集了这种小草带回美国研究，成功提取了一种物质，发现对美白有很神奇的效果。

这种物质被运用到美白祛斑产品上，所以才有了现在这个品牌。软文刊登的当天上午，来电咨询量激增，比前一天翻了两倍，第二天直接反映在终端销售上，销量提升 40%。

同样的产品，同样的品牌，同样的媒介传播，只是换了一个内容和讲故事的方式，结果迥然不同，这就是故事的力量。

（2）造争议：热热闹闹吸引你

没有争议就没有话题，没有话题就没有人围观。一部小说，一部电视剧，里面没有小三，没有背叛，没有伤害，没有绝症，没有坏人，简直没有观众会看，传播就是要引起争议话题。

马佳佳，美女卖情趣用品，多么惊爆眼球的话题点！好了，传统的卫道士们跳出来了——"不知廉耻"，"带坏社会风气"，"家教不严"，"90后怎么了"。而更多的粉丝们则跳出来维护他们心目中的女神——"敢于突破传统"，"勇敢"，"特立独行"，"文化的突破"，"社会在进步"。

双方吵得不可开交，而马佳佳呢，获得了名气，今天去万科讲个学，明天去中欧听听课，你们吵吧，吵得更热烈点，姐要的就是这效果。

# 出位

#### 如何用互联网思维破除瓶颈

我们不是提倡恶意的炒作，但互联网时代，是没有什么绝对的对和错的。连中国联通的老板们都一身牛仔装打扮为自己的新品站台，还有什么不可以改变。

（3）新闻性：独家消息震撼你

你打开当当、京东的图书频道，或者上购书中心转一圈，一大堆什么马云内部讲话、刘强东内部邮件的商业书籍。哪有什么内部邮件泄密，这些大佬们贼精，哪会让内部邮件提前曝光。现在的互联网大佬们，越来越像娱乐明星，动不动就弄个外星人造型在年会上大爆眼球，时不时就内部机密邮件流出。这其实都是营销，就是为了引起公众兴趣，为即将到来的新品上市或促销大战造势。

让我们试着来盘点一下。

大佬们常用的几种炒作方式不外乎以下几种：

A. 年会

不知道从什么时候开始，财大气粗的互联网新贵们将年会当成了展示企业形象，展现员工活力的重要营销手段。刚刚马云演完白发魔女，唱罢下台，就见刘强东大哥手持百万现金豪发红包。

互联网行业是个大名利场，但你不得不心服，年会是展示企业形象的绝佳舞台。

B. 晒福利

年底了，大伙最关心的就是奖金。这时候，各路土豪公司纷纷登场，你发百万现金，我就发豪华轿车，或者有的干脆直接奖房子，好不热闹。

> 年终奖发10台奥迪 除了羡慕嫉妒只能恨了
> 2014年1月15日下午，广州员村的广电科技大厦楼下广场停放了十台崭新的奥迪A4L，每台车上都挂着红色彩带，并在挡风玻璃处贴上了"年终大奖"的标语。

原来这是在楼内办公的某网络公司给员工的"大礼"，羡煞了路人。

## 第六章
### 降低成本赚更高的利润

据该网络公司员工介绍，这十台车都是年终大奖的奖品，但能够拿到这十台车的员工名单还没有出炉，"这也是我们第一年用轿车作为奖品，以前也从未听说过。"十台奥迪车整齐地摆放在广场中，由该公司自行拍摄了一段宣传片后，又被开回车库存放。

作为奖品的十台奥迪均已上牌，且所有车牌号码都有该网络公司的英文名缩写在其中。"太土豪了，除了羡慕嫉妒，就只能恨了，"在对面写字楼另一公司上班的一名员工说道。

据悉，该网络公司有约 2000 名员工在写字楼内上班，该公司一共租用了 12 层写字楼。但他们拒绝了媒体的采访，对于年终大奖发放十台奥迪车一事，不愿做任何回应。

300 多家网络媒体纷纷转载，微博微信朋友圈转发疯掉了，如果折算广告费，需要好几百万才能达到这样的效果。

有了快感你就喊，这是一个自由的时代。

**C. 娱乐节目**

老板们越来越像明星，明星们越来越像老板，一切行业都是娱乐业。

从 2012 年开始，《非你莫属》、《职来职往》、《赢在蓝天碧水间》等职场节目迅速抢占了各地方卫视黄金时间段。平时低调的 CEO 为了宣传自己的企业，争相上台做秀，各大平媒的娱乐版面出现 CEO 的娱乐新闻越来越多。

为什么 CEO 们这么热衷于在电视节目中露面，除了包装炒作自己，更重要的是为了推广自己企业的产品和品牌，每上一次节目，都会带来飞速的业务增长。

据唱吧的创始人陈华介绍，2012 年他上湖南卫视脱口秀栏目《天天向上》录制了一期节目。节目播出的当晚，唱吧 APP 被网友彻夜下载狂欢，瞬间冲到苹果 APP Store 免费榜前三。此后的每一天，唱吧的下载量都保持在十万级以上。不光唱吧，同时参加该节目的飞常准、墨迹天气、CAMERA360，大众点评下载量也同时大幅增长。

# 出位

## 如何用互联网思维破除瓶颈

这不仅仅是娱乐的力量，更在于互联网传播渠道的变化。放在传统营销时代，企业 CEO 即使天天上娱乐节目，也不会达到如此销售业绩。因为互联网压缩了传统渠道，而互联网的随时随地性，也让用户购物没有任何障碍。

可以预见未来的视频购物模式是，当电视剧、电影里出现一个商品的植入广告，可能在屏幕的右下角会马上弹出该商品的二维码，用户只要拿起手机，扫一扫，可以实时进入该商品的购买主页或网上旗舰店进行购买。

以前广告人经常挂在嘴边的品牌知名度、品牌美誉度和品牌忠诚度这些词可以灭亡了，互联网思维下，知名度、美誉度和忠诚度直接转化为用户购买率，一个可以量化的标准。

企业的 CEO 们，不能再躲在品牌幕后指挥，马上站出来。你的每一次亮相，都有可能直接带动你的品牌数以百万级的业绩增长，这是投放多少硬广都得不来的效果。

### D. 内部邮件

内部邮件，更多的是挑逗媒体的 G 点。每个企业的公关部经理每天都要接到无数来自媒体的采访电话，烦不胜烦。终于有一天，某个财经媒体的记者又打电话给公关经理。

"好吧，我转发给你一封我们老板的内部邮件，你可千万不要公开哦！"

"好，一定一定。"

……

于是第二天，该财经媒体的头条是："某某内部邮件爆光，预计于 30 天内砸 10 亿大促销"。一小时内，网络各大媒体纷纷转载这条网络爆料，于是媒体的记者们像蝗虫一般赶往该企业总部大厦。公关部经理不得不临时召开新闻发布会，"是的，我们要拿 10 亿砸促销"。

一场促销大战从一封内部邮件开始拉开序幕。

我们将镜头转到企业老板办公室内。

# 第六章
## 降低成本赚更高的利润

老板拍着公关部经理的肩膀:"干得不错。"

可怜那些传统企业营销思维的老板们,还在给下属下命令:"给我投分众,给我投地铁,给我上卫视,我要砸2000万的媒体预算搞促销……"

### E. 谍照

越来越多的品牌在借鉴电影娱乐的营销方式。电影不是一个长期持久售卖的商品,上架周期短,必须要短时间引爆,迅速抓住眼球,才能取得高票房收入。一部电影动不动就拍摄两三年,如何保持公众对它的期待又不被剧透,最好的方式就是定期泄露一两张剧照,炒炒男女主角的绯闻。

一个高档品牌的汽车或者数码新品要上市,因为已经开发了很久,公众自然翘首以盼,快上市前向媒体透露几张产品外形谍照,是很多新品采用的预热手段。

IPhone5上市之前,全球媒体都在关注,网络上出现了许多关于IPhone5的疑似谍照露出。网友们讨论得沸沸扬扬,大家自发参与这场科技盛宴的狂欢,PS了很多所谓的谍照出来,让人忍俊不止。甚至有深圳的山寨手机企业,根据网上透露出来的谍照,做出了IPhone5山寨产品,只等真机上市,抢占市场。

真真假假、虚虚实实,在IPhone5上市前夕,关于谍照的炒作已经达到了沸点最高潮。IPhone5发布当天,全球有超过5亿人口现场直播观看IPhone5上市发布会,没有任何一项硬广投放能达到如此大的轰动效果。

### F. 上市发布会

为什么要搞新品上市发布会,还要花巨资做好做大。这是为了适应互联网网状式的信息流传播。移动互联网出现之前,一场新闻发布会做完了,媒体报道了,这个信息流的传播就算完成了。

互联网时代就不一样,开一场轰轰烈烈的新品上市发布会,除了媒体报道,用户可以在双微上对信息内容迅速地进行病毒式分享传播。可以说,传统时代一场新闻发布会,上了媒体版面,是传播的结束,而互联网时代,媒体报道,只是传播的开始,其后的网友自发分享,才是更重要的传播。

# 出位

### 如何用互联网思维破除瓶颈

自从乔布斯开创了这一模式,被越来越多的中国同行们所仿效。

内容广告可以让消费者参与互动,最大程度地调动了用户参与传播的积极性。以内容为原点的营销模式将成为未来的主流,这是由互联网信息流传播的趋势所决定,不是笔者在这拍脑袋忽悠出来的。

## LOGO 是一个品牌的脸

大家有没有感觉到,LOGO 的设计越来越趋于简洁化,大致分为三种流派。第一种是以字体为主的组合设计,直接就是品牌名的字体变幻;第二种,参照物式图形化,以我们日常生活中常见的具象物如苹果、动物等形象为载体的变幻;第三种,就是图案设计,有象征意义的图案设计。

为什么要简洁?品牌出现在大屏电视机里的频率越来越低,以往广告放在电视画面上播放或者在报纸杂志上投放,LOGO 放大点就完事。现在的品牌出现在电脑屏幕和手机屏幕里的机会更多,屏幕小了,容不下更多复杂的信息。因为用户在用手机购物时,商品出现在手机小屏幕上,产品本身就小,LOGO 还在产品上,就更看不清了。这时候就需要简洁的 LOGO 直接抓住用户眼球,再小也能辨别得出。

再回到 LOGO 设计的三个流派,第一种和第二种设计占据了现在 LOGO 的主流,第三种劝各位企业主就别考虑了,理由见上。

第一种无需过多探讨,我们来谈谈第二种。网络上很多网友亲切地称呼湖南卫视为芒果台,上海东方卫视为番茄台,因为这两个卫视的台标分别有点像芒果和番茄。其实湖南卫视设计这个 LOGO 最初的含义是外面的黄圈是一条鱼,中间空白的像一粒米,喻意湖南是鱼米之乡。东方卫视的台标创意设计是鲜橙,寓意为观众传播最新鲜的资讯和娱乐。

可是在网民们自发的传播中,网友们集体抛弃了它们原先复杂的设计和含义,直接用最形象最简单的联想物来传播。一个像芒果,一个像番茄。看看吧,

# 第六章

## 降低成本赚更高的利润

不要忽略群众的智慧。

一切的视觉设计都是为了传播，以往企业主看重的是LOGO设计所能代表产品的特性，没有从用户的思维来考虑传播。现在的LOGO设计要运用互联网思维，设计出来后，首先考虑的是用户怎么好记，怎么样在手机小屏上看起来更醒目，最后是用户之间怎么用语言和文字来描述传播。

我们设想消费者传播LOGO的两个场景。

女孩小美和小花在聊天。

小美："我昨天看了一个节目，好搞笑！"

小花："在哪个台看的？"

小美："哎呀，我没注意是哪个台，台标好像是有个黄黄的丝带，围起来的，中间还有个白点。"

小花："那到底是哪个台？"

小美："记不清了。"

另一种情形：

小美："我昨天看了一个节目，好搞笑！"

小花："在哪个台看的？"

小美："我一下没注意是哪个台，就是那个台标像个黄黄大芒果的台。"

小花："我知道了，湖南台！"

小美："对，湖南台。"

用户可不管你的LOGO代表多少种含义，那跟我半毛钱关系都没有，我只关心这个LOGO看起来像什么，让我一下记住，跟我的姐妹们容易传播。

## 平面，包装及产品设计——让品牌看起来更性感些

我们在用电脑或者手机屏幕浏览商品信息时，这时候的屏幕其实就是一个广告位，也可以理解为是一个交互的海报广告，只不过这个海报的画面由你自

# 出位
#### 如何用互联网思维破除瓶颈

己来控制。

所以我们在为品牌的网络旗舰店设计首页时，尽可能放大产品信息，在有限的时间和空间里迅速让产品信息留存用户心智。让用户在页面的留存时间尽量长点，这时候的画面越简洁，产品信息就会越突出。

商品的外形及包装设计同样要遵循这样的原理，产品的包装用整块简洁颜色，比色彩斑斓的切割式设计在小屏上，会更具视觉冲击力。

产品的包装设计还要达到与用户交流沟通的效果，包装要让用户感觉，来，拿起我，觉得它是在和你对话。

旺仔牛奶的包装设计就非常具有沟通力，那个大大眼睛的卡通男孩，眼睛感觉就像和你在对话：来，拿起我，喝掉我。旺仔牛奶就以这个包装做过一个，笔者认为是非常有促销力的电视广告。。

一盒旺仔牛奶放在桌面上，一个小男孩眼睛死死盯着这盒牛奶，镜头不断切换小男孩和旺仔牛奶包装盒的画面，无论小男孩跑到屋子里的哪个角落玩，卡通旺仔的眼睛好像都在盯着小男孩看。

（旁白）："你在看我！"

"你再看我……"

"谁让你再看我……"

"你再看我，我就喝了你……"

小男孩拿起旺仔牛奶，非常舒畅地一饮而尽。

不是旺仔牛奶的卡通在看他，而是他自己的内心一直在看着旺仔牛奶。

一个非常有沟通力的包装。

给产品的外形设计带上独特的识别符号，就像宝马的双鼻子前脸，福特的大嘴设计。这样的好处是即使用户在使用完品牌，失去了LOGO的情况下，其他用户还是会根据这些特定的视觉符号，识别出是某个品牌。

在农村，很多农户把喝完后的可口可乐瓶身拿来装白酒或者食用油，所以

# 第六章

## 降低成本赚更高的利润

很多小孩从小就是看着这些瓶身长大的。等他某一天到了城里的超市,突然见到可口可乐,才知道那女性曲线瓶身原来就是可口可乐。这会勾起他的记忆,会毫不犹豫地选择伴随着他长大的可口可乐。

### 辅助图形——军功章上也有它的一半

辅助图形用得最成功的就是可口可乐的波浪纹和它的可乐红,无论你在哪里见到这个波浪纹,就知道是可口可乐的广告。辅助图形的运用一般是考虑到LOGO在某些情况下会缺失,辅助图形能让用户迅速联想到是哪个品牌。中国的大部分品牌对辅助图形好像都不怎么重视,这种观念是不对的。

在超市、三四级城市的批发卖场、大流通渠道、户外广告等,环境嘈杂,很多广告位一两年都没有及时更换,或者LOGO会被竞争对手故意遮挡毁坏。在失去LOGO的情况下,这个广告画面基本就无效了,如果有了辅助图形,即使LOGO不见了,用户还是会一眼识别出品牌。

长期坚持使用辅助图形,会让品牌起到很好的累积效果。

世界著名奢侈品牌BURBERRY苏格兰格子辅助图形,成为其经典的标志,你只要在其围巾、皮包、风衣上见到这个苏格兰格子,马上就能知道是BURBERRY品牌。

### 文案是一把利刃

先给大家看一些网上曾经被疯传的经典草根文案。

丝袜促销广告:新到超薄连裤袜,10元3双,尽享撕扯的乐趣满足男人本质的兽欲!

黄瓜的促销广告:买了我的瓜,忘了那个他!

西瓜促销广告:红过王菲,甜过初恋。

医院人流广告:孩子成绩落后于其他同学应如何提高?孩子对学习的兴趣究竟要怎样激发?教辅读物琳琅满目到底哪本最可靠?学校老师良莠不齐对孩

# 出位

## 如何用互联网思维破除瓶颈

子有何影响？校外辅导班鱼龙混杂家长又该如何选择？——×××无痛人流，从根源上免除您的烦恼。

清货广告：学妹亲一口，要啥都拿走

某挖掘机：2000年，当第一次公开恋情，王菲31岁，谢霆锋20岁，王菲的年龄是谢霆锋的1.55倍。转眼到了2014年，如今两人破镜重圆，王菲45岁，谢霆锋34岁，王菲的年龄是谢霆锋的1.32倍。

1）求两人年龄倍数与公历年的时间序列收敛函数，收敛域以及收敛半径。

2）这件事给张柏芝和李亚鹏留下了巨大的心理阴影，求阴影部分面积？

3）如果用挖掘机填补阴影面积，那么问题来了，请问，挖掘机技术哪家强？

我们前面提到过，文案是互联网营销里主要的行销利器。

判断一则好文案的标准，就看它是否和消费者平等地在对话。

一个妈妈牵着儿子在路上走。

"妈妈，我脚疼。"

"才走这么一会就偷懒，快点走！"妈妈喝斥着。

又走了一会，"妈妈，我脚好疼。"

"就你事多，快点走，一会就到了！"妈妈有点不耐烦。

又走了一会，"妈妈，我还是脚好疼。"儿子仰着小脸，望着妈妈。

妈妈怔了下，蹲下身子，脱掉鞋子，看到儿子的脚掌下，有一颗石头塞进了指缝里，脚指头都已经被硌红了。

……

更多时候，我们习惯了低着头看我们的用户，用户也只能仰起头来看我们的品牌。

改变的第一步，就是蹲下身子，和我们的用户面对面交流，只有这样，才会知道他们究竟在想什么。

互联网更适合好文案的传播，因为有内容，有故事，大家乐于参与分享或改编。

# 第六章

## 降低成本赚更高的利润

要想赢得用户的参与,就不应该扮演高上大,白富美,把自己当屌丝,成为他们其中一个。

自嘲式、调侃式的广告更能赢得大家的欢心。

互联网上曾经出现过一个奇葩手机品牌:节操手机。

我们看看它的文案是怎样写的:

为中华之崛起而造机

人生自古谁无死,留取节操照汗青

节操手机,岂是浪得虚名

非常平的正面

特别直的侧面

以及为了避免

太像板砖而设计的弧线

还有为

平衡白色材质的塑料感

而添加的金属边

面对所有关于美感的质疑

我们只需表达一句

只卖799

你还想咋地

繁杂的技术参数

看不懂没关系

你知道以上是国产品牌机通用硬件配置就行了

我们是国产中低端品牌机

谢谢

你才山寨机

# 出位

### 如何用互联网思维破除瓶颈

我们要是山寨机

早把外形做成 IPHONE 了

你应该已经明白了节操手机的营销路线：恶意卖萌＋实话实说。这股实诚劲儿加上文案里透出的幽默感，以及"节操"名字本身具有的噱头，使其在微博上很快受到欢迎，甚至很多名人、段子手也主动为其传播。一款之前没有名气、没有背景的国产中低端手机品牌，就这样迅速提升了自己的知名度，获得了不错的口碑效应。

## 搜索，颠覆了品牌命名方式

> 云南中甸改名香格里拉，相当于送给中甸县 100 个亿。前民政部官员如是说。

亲，先分享一些案例。

先讲台湾左岸咖啡的故事。

一杯速溶咖啡能卖多少钱？左岸会告诉你，他们不仅仅是卖得贵，而且会让很多人觉得，不买左岸咖啡，就跟不上这个时代，左岸咖啡是怎么做到的？

统一集团在做左岸咖啡之前，并没有想好要做什么，而是在思考自身的优势，统一在台湾扎根多年，已经成为方便面的代名词，在商超、物流运输、仓库、冷藏车、团队配置方面的快消经验已经轻车熟路。但是，这些仅仅是经营上的优势，并不能转变为品牌优势。

在确定了要做高端快消饮料行业，统一又在思考，如何让客户接受 25 美元一杯的高价，要在有限的杯子里放进什么商品才有可能让消费者接受，葡萄汁、果汁、牛奶还是咖啡？当然是咖啡。

# 第六章

## 降低成本赚更高的利润

接下来问题又来了，从什么地方运过来的咖啡最具有高档感？a. 空中厨房，来自空中厨房专门为头等舱准备的咖啡。b. 日式高级咖啡馆，来自优雅、精致的日式咖啡馆的咖啡。c. 唐宁街10号，来自英国首相官邸厨房的咖啡，平日用来招待贵宾。d. 左岸咖啡馆，来自巴黎塞纳河左岸一家充满人文气氛的咖啡馆的咖啡，一个诗人、哲学家喜欢聚集的地方。

如果我们在零售价格上再提高10元，有谁会买？新饮品在推出三个月内如果达不到高营业额就会被淹没。一些人会出于品牌的创意而购买这个新牌子，但仅有好奇心不能形成固定的消费群，还需要赋予品牌以个性和意念，并编造一些动人的故事。

那么，接下来是要解决卖给谁的问题。

"统一"决定选择18到28岁的年轻知性女士作为目标对象，她们诚实、多愁善感、喜爱文学艺术，但社会经验不多，不太成熟，她们喜欢跟着感觉走。相对于产品质量而言，她们更寻求产品以外的东西，寻求情感回报、使她们更感成熟的东西，寻求了解、表达内心需求的品牌。

当所有的问题都想明白，名字也就出来了。左岸咖啡——一个速溶型高价格的咖啡品牌。

从统一速溶咖啡到左岸咖啡馆，从单一的饮料产品，已经上升成为代表着一个来自法兰西塞纳河边的神秘幽远的艺术圣地，带着咖啡芬芳、成人品味，给她们精神上一种全新感觉的品牌。

带着一颗静谧之心，听一听左岸的故事：

桥上恋人站着，桥下恋情流淌着，我呢，只是等着。

你呢，好久不见，我在左岸咖啡馆。

我不在左岸咖啡馆，就在去左岸咖啡馆的路上。

水杯与咖啡杯，距离五英寸

# 出位

## 如何用互联网思维破除瓶颈

那位在咖啡馆门口

就可以将帽子

稳稳地掷在衣帽架的中年人

选定座位前

一度巡视各个角落

最后还是停在靠窗的位置

不过

他并没有立刻坐下

先是调整桌椅

然后将糖罐移到桌角

才缓缓入座

和我上一回见到的相同

他把水杯与咖啡杯挪过来

移过去

试了几次

才满意地看着自己的安排

普通人喝两杯咖啡的时间

他只喝了一口

又重复同样的动作

调整水杯与咖啡杯的距离

他的举动勾起服务生的好奇

于是问，你在做什么？

他好像不知道该如何回答

不停地移动水杯与咖啡杯

"我……"起了话头又陷入沉思

# 第六章

## 降低成本赚更高的利润

一阵长长的静默后

"我在……"

他指着自己

认真地说

"我在喝一杯咖啡……"

  正是左岸咖啡馆的这种人文调性，让人一联想起左岸咖啡，就品尝出淡淡的怀旧，淡淡的哲理，淡淡的情调。

  从这个案例可以看出，品牌名字出来后，基本标签、格调、消费受众等全清楚了。

  还是左岸的故事。

  广州番禺华南版块有个小区叫丽江花园，众多文艺人、传媒人、广告人聚集的大型社区。小区里咖啡店、书店、特色创意小店非常多，经常有电影艺术的讲座，形成了其独特的艺术人文氛围。

  丽江花园开发了新一期的组团，靠江边，80—120平方米二到三房的主力户型，成熟的社区，适中的价格，实用的户型，应该是很好卖的。

  但是，卖不动。究其原因，错就错在组团的命名上。代理这个组团广告宣传的是一家大型外资广告公司，根本没有深入理解丽江花园所代表的艺术文化，也没有对客户群体分析。组团命名为江临天下，走豪华高档大气上档次路线，有多少豪气华丽的辞藻都一个劲地往宣传资料上堆。

  结果是，艺术小资情调客户感觉江临天下不是自己的菜，而且也对这种富豪拜金文化不屑一顾。有钱的富豪们倒是来看了，但对80—120平方米的户型根本没兴趣，没有200平方米以上的面积，那叫啥大气豪华。结果，两边不讨好，开盘没卖出去几套。

  开发商急了，这个郁闷啊，和广告公司、销售代理一起开会总结找原因。最后的矛头一致指向广告传播，失败的案名，失败的定位，导致失败的销售业绩。

换,一定得换,换思路,换人,换广告,换广告公司。

重新定策略,重新定位,重新圈定客户群。笔者所在的项目小组连续加班,讨论了几个通宵,制定了走小资情调文艺风路线。所有的推广方案都制定好了,就差一个好名字来概括整个策略。

名字想了不下一百个,总感觉差了那么一点点。最后有个同事拿着项目规划图,发现组团是在江的左岸,左岸,干脆就叫左岸,法国巴黎塞纳河左岸,一个人文聚集的地方,和丽江花园的整体风格相融。

案名定好了,接下来是一些系列的预热及宣传推广。发售前,已经有很多丽江花园的老业主在咨询登记。开盘当天,购房客户挤满了销售大厅,将售楼部围得水泄不通,当天销售600多套,实现难得的日光盘。

后来开发商统计业主资料,近三成购房者是丽江花园的老业主,还有三成是老业主的朋友、同事或者亲戚。顾客买的不仅是房子,而是一个圈子,一种自己认同的文化。一个案名,实现销售业绩的大逆转,典型的逆袭成功案例。

## 300万,三个字——真功夫的蜕变

前面说了两个左岸的故事,可能有人认为离我们比较远,笔者再讲一个我们身边的案例。遍布大街小巷随处可见的真功夫中式快餐,可能大家都不陌生。那个酷似李小龙的小黄人,拳打麦当劳,脚踢肯德基,硬是在中式快餐不适合做连锁的质疑声中,拼出了自己的市场。

但大家可能不知道,真功夫最早叫168,后来又改名为双种子,最后才改名定为真功夫,成就今天的辉煌。从168到双种子,就像我们周围大多数的中小品牌一样,餐厅一直经营得不愠不火。

怎么办呢,请专业的公司给他们重新梳理品牌规划。最后公司给他们提了一个解决方案,改名,做中式餐饮,真功夫就这样出来了。

真功夫企业为这三个字给广告公司支付了300万,公司内部很多人认为不

# 第六章
## 降低成本赚更高的利润

值,一个字一百万,太天价了。当时的老板蔡达标说了一句话堵住了大家的嘴:"想出这三个字不难,但想出这三字后面所代表的品牌策略,远远不止这300万。"

真功夫三个字,其实包含了一系列的标签、卖点、视觉等品牌层面的规划。

首先,"真"字的定位。"真"是"蒸"字的谐音,在麦当劳肯德基等西式油炸快餐在中国大行其道的市场,"蒸"既保留了中餐的营养成分不流失,又和西餐油炸食物区别开来,找准自己的独特标签。

功夫与李小龙的视觉相结合,又暗喻对麦当劳、肯德基的不屑与打击,也是企业自己对自己的鞭策与鼓励,要在中国的快餐连锁市场大展拳脚,打出一片天地。

后来的事大家都知道了,真功夫从此一路平步青云,全国拥有1000多家直营店,成为中式快餐的代表,打破了西式快餐一统天下的局面。

好名字让销售逆转的案例还有很多,例如电影《被偷走的那五年》,本来叫《倾城之泪2》,后来做宣传时发现名字不为观众所接受,改名后,网上的议论和微博话题成倍增长,上演即取得了不俗的票房成绩。

广州雅居乐花园也是将案名与销售结合运用到极致的典范。广州雅居乐每推一个组团都有一个和该组团属性和定位高度吻合的案名。挪威的森林,是靠山的组团;上善若水,是靠湖边的组团;一尺山居,是在半山腰的组团;欧洲故事、时光九篇、邻居、峰会、花巷等,每一个名字都有一个故事,每一个组团都有自己独特的标签和社群,成功的案名,成就了广州雅居乐花园每次开盘都日光的传奇神话。

## @ 时代,品牌命名新趋势

80、90后是泡着互联网长大的一代,他们恣意在互联网上表达自己的情绪和个性。他们不满被动地接受信息,积极主动地创造属于自己的狂欢,自娱自乐。

从火星文到凡客体,从杜甫很忙到我是土豪金,草根的网民们自发享受着

# 出位

## 如何用互联网思维破除瓶颈

网络带来的精彩盛宴。他们已不屑于老一辈的循规蹈矩，传统的传播形式和内容已不能打动他们，他们接受一切创新的方式和东西。

搜索，颠覆了品牌命名法则。

互联网就像一个巨大的海洋，将海量信息吸附其中。搜索，就成为了解信息的最佳入口，这给我们品牌命名带来了新的思考。互联网品牌时代，努力讨好消费者的品牌命名方式，以大力拥抱移动互联的态势肆意野蛮成长。

小米手机、雕爷牛腩、三棵松鼠、六个核桃、一只椰子、大可乐手机、阿芙精油等一大批互联网品牌以亲民的命名、娱乐轻松的互联网营销模式，深得年轻消费群的喜爱。如果说他们的成功是时势造英雄，不如说是品牌经营的成功，产品体验的成功。

海量丰富的互联网信息中，消费者靠搜索了解讯息，获得品牌体验入口。而搜索在互联网上，语音搜索还不成熟，现在仅仅局限于文字搜索。图形化的符号，没法在互联网上进行搜索识别。为品牌取个令人印象深刻的名字，成为互联网思维品牌建设工作中的重中之重。

搜索为品牌所带来的好处和改变，可以举一个例子来说明。一个文艺小资女青年，我们姑且叫她小Y吧，是村上春树的忠实读者，喜欢村上春树小说里那股淡淡初恋的徘徊和忧伤。

她想买一本《挪威的森林》，自然而然，她通过百度搜索，想获取这本书的更多信息。她惊奇地发现，在天猫竟然有一个叫"挪威的森林"原创服装品牌，素雅的设计，纯棉的飘逸，淡致的色彩，就是她理想中的直子的形象。

她被这个品牌吸引了，因为一本书，爱屋及乌，同时也爱上这个品牌。所以说在搜索时代，借势的品牌名为品牌的传播推广实现了更多可能。

以"挪威的森林"为例，百度搜索收录的网页为510万条，百度百科的浏览量为300万次。光一个百度，就为该品牌带来800多万次的外网流量，这在互联网以流量为王的时代，弥足珍贵。这只是百度为其带来的可以量化的点击及流量，

# 第六章
## 降低成本赚更高的利润

"挪威的森林"书名背后所蕴含的品牌气质调性，更是其宝贵的无形资产。

所以说为互联网品牌取个好的名字，等于就成功了一半，在以后推广中可以省时省力，让销售及品牌价值倍增。

### 图形时代向文字时代的改变

大家经常上天猫和京东购物，不知道有没有发现一种趋势，品牌的名字和LOGO设计越来越汉字或者字母化，图形化的LOGO越来越少。这是为什么？因为文字和字母更容易被互联网搜索到，这就是搜索所带来的改变。

在互联网还未出现的传统销售方式里，商品大部分以专卖店、大卖场、大流通渠道等方式在销售。品牌传播的形式也是以电视、户外、报纸等单向传达的方式进行，图像化的符号和LOGO能迅速传达到消费者的眼睛，也更容易让消费者者记忆和联想。

单从视觉传达效果来说，图形化的符号远比文字更容易记忆和识别。这也是为什么在传播1.0时代，大部分品牌都是运用的图形化符号作为品牌LOGO承载品牌形象和内涵。

图形化传播在传统媒介上传播效果是非常好的，因为消费者只要识别图形就能联想品牌，属于填鸭式单向传播。但到了传播3.0时代，消费者会双向地参与品牌互动，会主动在互联网上搜索该品牌，并且用智能终端（手机、平板电脑）人际传播该品牌。

在互联网上的传播，都是以文字和语音为主，品牌的图形是很难搜索和人际传播的，所以通俗易懂的名字就非常重要了。还有一个很重要的点，网络常用词条会容易被搜狗、腾讯智能输入法所收录，简化了键盘和手写过程，更容易得到消费者的选择。

互联网品牌时代，要不断强化品牌的名字，所以现在很多品牌化简为繁，LOGO设计越来越简约，以品牌名为主要设计元素，辅助以图形作为识别。

# 出位
#### 如何用互联网思维破除瓶颈

三星、诺基亚、宜家、雅诗兰黛、宝洁、INTEL无不如此。曾经有一位女性朋友咨询笔者，连手带口比画，LOGO像个小于号的汽车品牌叫什么名字？她记住了雷克萨斯的LOGO，但没记住雷克萨斯的名字，她在我身边比画了半天我才明白过来。这个图形，是没法网络搜索的。

所以互联网的出现，让传播从图形化又回到文字传播时代。中华文明最早出现的是象形文，后来演变为汉字，人与人的交流效率得以飞速提升。后来进入工业革命时代，图形化传播又占据了主流，现在互联网的发展，又回到了文字传播时代。几个轮回沉浮，不得不感叹技术的变迁彻底颠覆了人类的生活和交流方式。

### 词汇流行化，图形符号化

有人说移动互联是快餐化时代，确实不假。流行文化是最容易被淹没的，可能早上出现一个话题，到晚上就会被另一个话题所覆盖。流行文化最大的优点就是爆发性，快速在互联网上发酵，一夜之间让全世界的人都知道。

例如网游魔兽世界所做的病毒营销"贾君鹏，你妈喊你回去吃饭"，短短三个小时，百度搜索量高达100多万条，迅速占据新浪微博当天话题榜首。但第二天很快又被其他话题所取代，在互联网上只是昙花一现。

越来越多的新词汇被草根网民们创作出来，正能量、给力、学霸、HOLD住等等，都是网民们的集体智慧创造出来的。现在很多互联网品牌的命名似信手拈来，越来越亲民化，就好像是我们身边不经意的一个词。

去哪儿网、驴妈妈旅游、土豆网、小米、六个核桃、粉红大布娃娃、三只松鼠、妖精的口袋、大象和他的朋友们等等，这些互联网品牌，彻底颠覆了传统品牌命名方式，在网络传播上取得了巨大成功。

传统营销人，在想品牌名字时，第一想到的是该行业的属性。例如我们想创立一个女装品牌，按照传统思维法，首先想到的是恋、草、梅啊等这些女性

# 第六章

## 降低成本赚更高的利润

化字眼。现在的年轻消费者，特别是网络成长起来的80、90后，已经不太接受太传统的文化了，不能给他们眼前一亮，就不能博得他们好感和认同，要想鼓动他们掏钱包，难上加难。

网络时代，让很多词改变了以前的含义，赋予其新的内涵及寓意，成为符号化的象征。网络上有一个段子是这样说的："那一年，菊花还只是一朵花，2B还只是铅笔；那一年，杯具还只是个容器，小三还只是隔壁家的小男孩，同志还只是指深厚的革命友谊。"现在看看这些名词，都已经改变了当初的本意。要是哪个品牌敢命名菊花、小三，不光消费者不会买账，国家商标局都不敢注册批准。

## 好名字，不是想出来的

一个好的品牌命名，可以节省数以亿计的广告费。餐饮圈有个叫武大郎烧饼的连锁烧饼店一夜之间风靡大江南北，姑且不提其管理经营咋样，单这个名字，起码是比较讨巧成功的。第一，取自于水浒典故，耳熟能详，非常容易记忆和传播。第二，武大郎虽然矮矬穷，但其老实忠厚啊，童叟不欺。第三，纯手工制造，天然绿色环保，历史悠久。

其实，顾客见到这个品牌，就会产生这三个层次的联想，自然对其好感大增，无怪当初能火爆一时。笔者说这个案例的意思是，一个好的品牌名字不是绞尽脑汁煞费苦心一个字一个字拼凑出来的，而是信手拈来，来自于公众已有的认知基础。有的读者会说，你是站着说话不腰疼，你是做营销做广告出身，脑子随随便便就能蹦出几个好词，我们哪能和你比。别急，笔者会教你们几个方法，你就会发现，其实想个好名字不是你们想象中那么难。

### 傍大款

利用公众已知的地名、典故、历史或者现代名人，作为自己的品牌名，不失为一个好办法。这样取名最大的好处是知名度高，有品牌内涵。当然，这个名字一定要适用该行业。李时珍适用于中药的取名，如果你把李时珍命名为服

# 出位

#### 如何用互联网思维破除瓶颈

装品牌,那不仅对品牌没帮助,而且会适得其反。

这里要注意,地名、现代明星名人最好不要去想,县级以上地名和外国知名地名是不可以注册成品牌的。明星名人一般很难注册下来,即使批准下来,以后也是官司缠身,有可能投入的广告费竹篮打水一场空,所以不要冒这个险。

傍大款取名法虽然有众多限制,但也蕴藏了很多机会。2008年北京奥运会,游泳及跳水比赛馆因为外形像个被无数水晶泡泡包裹的立方体,被大众及媒体亲切称为水立方。茅台酒厂看到了其中的商机,把"水立方"三个字注册成酒类品牌,成就了茅台酒厂再次腾飞。

还是茅台酒厂,不得不佩服他们的政治敏感度,在中国载人航天飞船神舟号登月时,茅台酒厂将"神舟"二字也注册了。每次神舟系列飞船登月时,茅台神舟酒的广告在媒体上铺天盖地,迅速打响了神舟酒新品知名度。

当年歌手雪村的一首《咱东北人都是活雷锋》火遍网络,传遍神州大地,歌曲的最后一句是"翠花,上酸菜"。东北一家食品厂迅速注册了"翠花"商标,并将公司名也改为翠花酸菜集团。他们抓住了歌曲流行那几年的大好商机,大手笔投入广告,快速铺货。现在的翠花酸菜已经是中国著名商标,是仅次于涪陵榨菜的中国第二大酸菜企业。

从事服装、食品、化妆品行业的创业者不妨关注一下娱乐、流行歌曲、电影、文学等几个方面的新闻和事件,这里面其实有很多好的名字可以挖掘。例如快女就被注册成了化妆品,剑桥被注册成了童装,刀郎成了白酒品牌。

从事酒类、互联网、汽车、电子等行业的企业,可以多关注商业、财经及行业专属名词。例如CBD本来是中央商务区的缩写,现在是一个卖得很好的家具品牌。CEO是首席执行官的缩写,被注册成了汽车品牌。

近几年随着移动互联网的迅速崛起,这些互联网新贵们比传统行业的大佬们出位得多,光看他们的名字,就知道他们是利用出位的互联网思维在做营销。比如,大象和他的朋友们(安全套)、炮否(情趣用品)、节操(手机)、菜

# 第六章

## 降低成本赚更高的利润

鸟网络（物流）。尤其在网络游戏的命名上，天龙八部、大话西游、诛仙等都是借势营销，一个好的名字，可以为游戏节省好几百万的广告费。

乔丹运动鞋，大家应该都有听说过，有的见过它的广告，有的买过它的鞋，可能很多人至今还以为它是美国的运动鞋品牌。其实笔者也是因为乔丹运动鞋和美国乔丹运动员打官司时才知道，它原来一直是个国产品牌，这堪称史上最国际化的国产品牌。

黄飞红，一个诞生于山东、成名于互联网的休闲麻辣花生品牌，仅仅改了一个字，将娱乐和产品的属性完美结合。

黄飞红麻辣花生在公司写字楼大堂做促销，买一送三。很多同事争相购买，办公室充斥着麻辣花生的味道。笔者首先被它的名字所吸引，一个卡通大辫子踢腿的武功小生配上黄飞红的名字，再加上非常网络化的语言"肿么啦？"足以引起年轻人的兴趣。

笔者后来在网上查询，原来黄飞红在互联网上早已经大名鼎鼎。大致翻看了一号店及天猫的网友留言，很多人是被其名字所吸引，尝试购买一次，结果非常喜欢吃，就介绍或送给同学朋友，一传十，十传百，就在网上火起来了。

百度搜索结果显示，网友对黄飞红的搜索量已经超越了黄飞鸿。一个好的品牌名字，足以吸引消费者去尝试，只要你的产品体验足够好，即使刚成立的互联网品牌也可以成功逆袭。

### 识时务

很多人认为流行文化不能永恒，只是昙花一现，不太适合做品牌名字。

其实不然，例如从2010年就开始流行的"给力"、"正能量"等网络词汇，不仅被广大网友在各种场合流传使用，中央级媒体及政府工作报告都经常会运用到这两个词。"给力"、"正能量"已经被收录入中华百科大词典，成为固定常用词组。

被注册成"正能量"的功能性饮料，运作其品牌的只是河南一家并不知名的中小型企业。他们携"正能量"参加2013年的烟酒糖食品博览会，没有强势的渠道，没有强大的广告投入，一经亮相，便俘虏了一大批经销商，取得不俗的招商业绩。

当然，不是所有的流行词汇都适合注册成品牌，例如芙蓉姐姐、凤姐、经济适用男、草泥马等联想不好的流行词，就不适宜注册成商业化的品牌。

很多人对流行词注册成品牌不屑一顾，但不可否认的是，在网络环境下成长起来的年轻人，对流行文化却抱着开放的心态来对待。大家可以去微博微信论坛转一转，很多年轻网民喜欢自黑自虐。十分感动拒绝体、黑室友大赛、喜大普奔体，都是年轻人们在网上的自我发泄调侃。

在这个大家都可以接受重口味的年代，只要你敢想，一切都有可能。

**找属性**

每一个品牌的命名，都要和其所在行业属性相结合。去年，笔者注册了个叫66号公路的牛仔裤品牌。

66号公路（ROUTE66），被美国人亲切地唤作"母亲之路"，研究66号公路60多年的学者迈克尔·华利斯说："66号公路之于美利坚民族，好比一面明镜：它象征着伟大的美国人民一路走来的艰辛历程。"这个品牌适合户外登山牛仔等运动类服装，和66号公路粗犷、冒险、坚韧、向往自由的精神图腾相吻合，是绝佳的品牌阐释。如果将其作为柔美的女装品牌，那就大大的不适合了。

每个行业都有自己所代表的属性，一流品牌命名直接代表该行业内涵，二流品牌命名代表该行业大部分消费者的认知与喜好，三流品牌命名说了等于没说，拗口让人记不住。

有一个做女装的老板，晚上11点打电话给笔者，很兴奋地说想了一个很棒的名字，做女装绝对合适，笔者也被他感染了，赶快让他说出来听听。

"蔓丝妮"。

刚开始还以为是个什么惊世骇俗的名字。我给他当头泼了一盆冷水，告诉

## 第六章

### 降低成本赚更高的利润

他,这三个肯定不能注册,而且消费者也根本记不住。这样类似的品牌太多了,一抓一大把,会淹没在众多的女装品牌中,这属于三流品牌,说了等于没说。

相信有很多企业家,沉浸在自己拼凑出来的美好名字中,自己以为非常棒的名字,但在消费者那里,根本就记不住。你要把你的品牌放在消费者日常生活轨迹中来看。

消费者是很花心的,他根本不会像你一样每时每刻把自己的品牌挂在心上。他每天接触的信息量太大了,无数品牌都在想尽办法讨得他的欢心,你的品牌名字没有特色,他根本就不记得你。

手机游戏"找你妹"能够一夜之间占据APP免费下载榜首,笔者认为名字有很大功劳。在它之前已经有无数的开发者开发了这类找茬游戏,但都没有像"找你妹"这样火起来。

找你妹这个游戏名字告诉用户两层信息:第一,是款很好玩很有趣的游戏,值得去试下。第二,利用美女营销,你妹你妹,肯定有美女。名字能够让消费者去尝试,已经成功了一半。

所谓属性,就是该行业所处的特性。你要推销一款感冒药,你就要考虑到其行业的专业型,消费者首先考虑到的是该药的功效,取个"咳嗽灵"的名字肯定比取个"乐呵呵"的名字好。但如果是个清咽润喉糖,取个"好声音"的名字肯定要比"清咽灵"的名字要棒。这就是行业所处的属性不同。

品牌名字和属性结合比较好的名字有韩都衣舍(哈韩风)、非墨(原创中国风)、骆驼(户外鞋、服装)、劲霸(男装夹克)、十月妈咪(孕妇装)、佰草集(植物护肤),他们的品牌名字直接概括了该细分行业属性,易于传播。

**挖内涵**

人体每天至少需要补充8杯水,这是一个很多人都知道的生活小常识。如果我告诉你8杯水是一个面膜的品牌,你会产生什么样的丰富联想。对了,敷在脸上湿润通透水汪汪的感觉。品牌名字不是简单几个字的叠加,一定是赋予

## 出位

### 如何用互联网思维破除瓶颈

了丰富的内涵属性联想,这个内涵在该品牌诞生起就已经深深烙上标签的印记。

2010年,市场上突然出现了一个叫"六个核桃"的饮品,引起了行业的注意,很多同行的营销专家都在讨论它的成功。我们看看公开的资料百度百科是怎么样介绍它的。

摘自百度百科:

"六个核桃"作为养元智汇的代表性产品,采用养元自创核桃饮品生产工艺,以"安全、好喝、健脑"的内在品质,"经常用脑,多喝六个核桃"的品牌诉求,著名主持人"鲁豫"担纲代言的外在形象,缔造了中国饮料史上"飞"一般的销售传奇。

品牌命名是产品营销战略中的关键环节。一个好的品牌命名,意味着市场成功了一半。养元"六个核桃"的品牌命名使了常用数量词"六"与常见坚果名"核桃"组合,简单、直接的名称成为了品牌快速进入消费者心智的第一重推动力量。朗朗上口的发音与四个字组合的独特性,使六个核桃成为非常容易传播和记忆的名字。

六个核桃倡导的顺文化就是从"六"这具备象征意义的量化概念而来,"六"蕴含着深厚的文化内涵。"六"这个数字运用了中国文化中对吉祥数字的喜好,在中国人的心目"六"中寓意"顺利"。

在中国传统文化中"六"寓意六六大顺、前程似锦,能带来愉悦、美好的联想。河北养元智汇饮品公司正主力打造顺文化,树立行业领先地位。结合传统文化六六大顺、万事如意、吉祥如意的祝福,赋予六个核桃,大脑聪明、诸事顺利的"顺"的内涵,以此打造送礼送"顺"的消费理念,成就六个核桃的礼品市场。

大家从这份公开的资料上可以看出端倪,"六个核桃"这个名字绝对不是企业或者营销人拍脑袋想出来的,而是经过详细的市场及消费者洞察,是用脚丈量出来的。

品牌名往该行业的属性及内涵上靠,最大的好处是不用在传播上解释太多我

# 第六章
## 降低成本赚更高的利润

们是做什么的。而且在视觉、活动的推广上延展性非常强,适用于各种媒介的传播。

**重组合**

最好的品牌是产品、标签、名字三合一,产品属性支撑品牌标签,品牌名字凸显产品的核心价值,白加黑就是一个绝佳的研究案例。

江苏盖天力制药厂在白加黑诞生之前,只是一家在行业毫不知名的很小的企业。2000年,在被东盛集团收购后,董事长郭家学看到了白加黑品牌名字的巨大价值,砍掉了其他品牌,将大部分资源投入到白加黑感冒药的推广中去。

经过专业营销人员的品牌诊断及定位,白加黑确定了"白天吃白片,不瞌睡,晚上吃黑片,睡得香"这个核心价值。从品牌的命名到产品的形态(分白片和黑片),再到包装盒的设计,无不彰显这个差异化的定位。

2006年白加黑品牌卖给德国拜耳制药时,东盛已经将白加黑感冒药这个单一产品,做到了年销售额12个亿。董事长郭家学在签约仪式上感慨地说,在这个12个亿里面,单单白加黑这个名字,就值了10个亿。

我们在想品牌名字时,换一种思维思考,将固有的几个词重新组合,有时能得到不可思议的效果。国产手机刚在市场爆发时,有一个手机品牌很火,叫做索爱。说到这里,可能大家都笑了,索爱,就是索尼爱立信的缩写嘛。

是的,没错,当时索尼、爱立信手机部门合并,合起来做了个手机品牌叫索尼爱立信。这个名字太长,消费者在传播这个品牌时基本都简化叫索爱。这让深圳的一家电子厂看到了其中商机,迅速注册了"索爱"手机品牌。

很多消费者不明就里,以为此索爱就是彼索爱。索爱手机在市场最高峰时甚至销量超过了正宗索尼爱立信手机。但这种命名方式我们并不提倡,赚快钱可以,长期经营肯定是有法律及版权风险的,但我们同时又不得不佩服商家独特的眼光和抓住机会的能力。

名字属于稀缺性资源,好的名字早被别人注册了。将几个字或者几个词组重新组合一下,也不失为想品牌名字的好注意。贡禧堂,是一个喜糖的名字;

自游人，是一个户外服装的品牌；徐遐客，是一款登山鞋的名字，等等。其实将几个常用的词汇加以修改和组合，也能得到一个很棒的品牌名字。

### 定位法

虽然在互联网时代定位理论越来越跟不上传播发展的趋势，但用其理论来作品牌命名，也不失为一个好主意。

太太口服液就是一个经典的用定位理论命名的案例。针对中国女性的保健品太多了，什么汇仁乌鸡白凤丸、美媛春、青春宝美容胶囊等等，都是以功效或者女性情感的角度命名。太太口服液独树一帜，直接以受众命名，我就是关爱中年女性，给她们喝的静心口服液。太太念起来也朗朗上口，消费者认知的信赖成本低，传播的成本也很低。

定位理论因为在中国深入人心的时间并不长，以往品牌运用定位理论命名的案例比较少，但最近几年这种名字层出不穷。邻家女孩服装、哎呀呀饰品、哇咔咔童装、正能量饮料等都有凸显定位理论的痕迹。广告策划和营销人非常乐意见到创新的品牌名字被企业接受，一个好的名字，在推广传播上可以借势话题营销，玩不少新颖的公关手段。

学霸这个词刚在网络流行起来的时候，笔者就把它注册成了保健品的品牌，学霸商标还没有正式批下来，就已经有商家找到笔者，表达了购买意向。

## 怎样为洋品牌取中文名

洋品牌进入中国，一般都会随乡入俗，取个既符合中国人口味又会保留原品牌洋气的中国名字。为洋品牌取中文名，既是一门科学又是一门艺术，你得保证中文念起来顺口响亮又没有歧义。

# 第六章
## 降低成本赚更高的利润

有个国外的洋酒品牌进入大陆，自鸣得意地取个叫蓝调的英译名，"蓝调"，乍一听，很好啊，有情调，梦幻般，不正是中国年轻人在灯光迷离的酒吧所享受的境界吗？

但蓝调也有烂掉、烂屎的歧义和谐音，很多年轻人会很排斥，尤其在应酬客户的生意场合，犯下了大忌。所以说为洋品牌起中文名绝对是一项科学的工程，艺术性排在第二位。

一般洋译中文名有三种方法。

第一是音译法，就是将国外品牌的英文名照音译为中文，例如Sony（索尼）、Motorola（摩托罗拉）、Google（谷歌）、Lexus（雷克萨斯）、Camry（凯美瑞）等品牌，为了追求品牌的全球统一，严格按照英文翻译为中文。

音译的好处是国际化，消费者一看到这些词组的组合，就知道是外资品牌。缺点是几个汉字之间并没有什么关联内涵，很难理解，需要死记硬背，不宜传播。即使在现在，很多女生都叫不出雷克萨斯的中文名，只知道小于号这个汽车品牌。

可口可乐当初进入中国，也是草率地音译为蝌蚪啃蜡，结果销量惨淡，后来全球征集中文名字，就有了现在的可口可乐。

第二种是意译法，就是根据洋文品牌的英语翻译成中文意思。例如大家所熟悉的骆驼户外，其英文名就是Camel。还有我们现在所使用的苹果手机，也是直接由APPLE直接意译过来，意译法直观地让消费者感受到国外品牌所命名的内涵。

但是很多外国品牌英文的字面意思翻译成中文和产品属性没有一丝关系，例如宝洁旗下的Tide洗衣粉，英文直译为时机、季节，这样直接命名为中文就不是很妥当。大家在厕所和厨房用得比较多的威猛先生，英文名为Mr.Powerful，英文意思是肌肉先生，试想象，谁会用肌肉先生这么一个不着边际的清洁剂品牌呢？

所以说在这个时候，应该抛弃掉英文的字面意思，为品牌取个好听又内涵联想丰富的中文名字，例如威猛先生、汰渍洗衣粉等。

第三种命名法是大部分国外品牌进入中国采用的中文命名法，就是音译和意译相结合的方式。既兼顾了中国人的审美口味，又将本品牌的内涵和属性表现得淋漓尽致。例如万豪酒店（Marriott），一万个富人的聚会；奔驰（Mercedes--Benz），飞奔迅驰；微软旗下的搜索引擎Bing，在中文拼音里是病，疾病的读音，如果直接用"病"的中文名在中国推广，肯定被屌丝们调侃，你用Bing，你有病吧？所以在进入中国市场时取了个名字：必应。有求必应，有搜必应。

广州某日本便当店，位于广州珠江新城核心CBD地段，周边写字楼云集，按常理只要口感做得不是太差，应该会赚得盆满钵满，可是这家店的生意却不咋地。

隔壁几家餐饮店每天中午的时候白领们排起长队买餐，他们家却仅有的几个座位都坐不满，简直是门可罗雀。

究其原因，笔者认为店名是造成它生意惨淡的主要原因之一。"池上便当"，好端端的一个快餐店，四个字里面就有池和便，难免会让人有恶心的联想，谁还敢去吃啊。

我们同事有时拌嘴开玩笑说，你今天在池上便当吃的饭啊，嘴这么臭。笔者在网上搜索，不止是我们有这样联想，很多网友都有类似的联想感触。

随着全球经济一体化和营销无国界的发展趋势，品牌命名必须考虑全球通用的策略。一个完整的品牌名称应当易于为世界上尽可能多的人发音、拼写、认知和记忆，在任何语言中都没有贬义，这样才利于品牌名称在国际市场上的传播。

在品牌命名上，首先要考虑如何使品牌名称适合当地。一种办法是为当地营销的产品取个独立的品牌名，也可把原有的品牌名翻译成适应当地的做法。

英译中文进入国内时，一定要考虑到中国的习俗和特有的传统文化，不能和固有的相冲突，只能是迎合。可口可乐、百事可乐、飘柔、海飞丝、奔驰、宝马等都是英译过来的经典中文名，为其开拓国内市场增色不少。

# 第六章
## 降低成本赚更高的利润

# 检验好名字的标准

前面一个章节我们谈到了创意好名字的多种方式和方法,大家只要遵循这几个原则来想,不一定能得到惊世骇俗的名字,但至少能跳出常规的条条框框。

如何来检验一个好名字,是我们本章节要谈到的。我们不妨在最后要定夺品牌名的关键时刻,使用以下几个标准来检验,毕竟企业定下一个名字,后继还要投入巨大的宣传费来推广,马虎不得。

### 搜索法则

搜索是最直观最容易量化的检验指标。自从移动互联爆发式发展以来,不妨闭上眼睛仔细想一想,哪一个应用、游戏或者网站的命名无不是通用名,简单易记。小米、去哪儿、当当就不用说了,一号店、赶集网、土豆网、虾米音乐无不是约定通俗名词。

这些词最大的好处是在网络上易于流传及搜索,即使品牌不作任何推广,百度的自然搜索都可以为其导入巨大的流量。

将你的名字放到百度上搜索,能有 50 万以上的网页,就可以考虑注册使用。还有一个检测的方法就是搜狗或者 QQ 输入法,如果他们在固定词汇里有收录,说明这个词语网友平时使用多,搜索量大,肯定也会是个好名字。

百度搜索进去后可以看一下是否有百度百科的介绍,百度百科的浏览量大,自然该名字被网友关注度就高。例如:挪威的森林,在百度百科的浏览量达到 310 多万,就是一个比较适合做女性服装品牌的名字。

# 出位

### 如何用互联网思维破除瓶颈

**形象法则**

品牌就像一个人，有气质，有性格，有笑容，也有愤怒。如果你的品牌给消费者第一眼就有一个清晰的印象，能够马上产生好的联想，恭喜你，你的品牌肯定会脱颖而出，起码赢在了起跑线上。

很多年前，笔者在一个城市出差，刚好一场雨，把我搁在了一个街角转弯的士多店门前，士多店门口有棵大树，树下摆了几张太阳伞。反正下雨，笔者悠然自得地买了一瓶汽水、一包瓜子、嗑起来，有一句没一句地和老板聊聊天，真惬意啊。

临走时和老板告谢，抬头一看，这个小店的名字就叫"歇脚点"，真是个绝妙的名字。街头、拐角、大树、太阳伞、桌椅、和蔼的老板，歇脚点，就如我们天天路过的家门口士多店，熟悉而又亲切。如果搞个中国好名字的评选，完爆其他士多店品牌。

我们参加大型Party聚会的时候，总有些交际花在觥筹交错间，来回穿梭博得众人的注意。但也总有些女人，不争不哗，静静在一角独自饮斟，你的眼光却被她的气质所折服，总是自觉不自觉往她身上打转，有想认识她的强烈冲动。这是个人的气质，也是品牌的气质。

80、90后的一代，相信大部分男生女生都经历过网恋，我们往往会取一个很有创意的网名，引得彼此无限遐想。因为一个名字而爱上一个人的网恋不少，好的名字就有这个魔力。

**气质法则**

一个好的品牌名称是品牌被消费者认知、接受、满意乃至忠诚的前提，品牌的名称在很大程度上对产品的销售产生直接影响，品牌名称作为品牌的核心要素甚至直接影响一个品牌的兴衰。

每一个品牌都有自己独有的标签，每一个品牌背后都会烙上所代表精神与

# 第六章

## 降低成本赚更高的利润

内涵的深深烙印。沃尔沃代表安全,宝马代表驾驶者的乐趣,招行代表创新的服务等。每一品牌名字,当你在见到它的那一刻起,虽然你不了解它,但你从它的名字基本可以判断其定位于内涵精神。

"劲霸"——硬汉,男人的力量;

"爱慕"、"宜而爽"——内衣讲究"爱"和"爽";

"丑妹"——自我调侃的女汉子,丑小鸭。

举个很简单的例子,如果你准备做一个服装品牌,有三个名字来供你选择:温柔思思、报喜鸟、乌鸦,大部分人肯定会优先选择报喜鸟,因为报喜鸟象征着喜庆、吉祥、好意头。报喜鸟的品牌一诞生,就已经有了清晰的定位及品牌精神,为你节省大量的广告费用。

很多传统服装出身的企业家,做互联网品牌还是沿用传统的营销思维,抄个皮尔卡丹的LOGO设计,想个皮儿卡月的中文名,就轰轰烈烈做起来了品牌,上淘宝,上天猫。殊不知电商的营销环境和网民获取品牌讯息的方式完全异于线下渠道,结果砸进去几十万上百万,最后惨败退场。

## 记忆法则

互联网时代过目不忘的方式有两种极端,要么丑得出位,如凤姐、干露露等,要么美得令人窒息,如奶茶妹妹、度娘等。长着一张大众化的脸,说一些大众化的话,是不会引起人注意的。

同样的道理,要想你的品牌在互联网上快速地传播逆袭,取个出位的名字是个不错的选择。像前文我们说到过的"节操"手机、"大象和他的朋友们"安全套都是搏出位的品牌名。

2014年双十一大促前夕,QQ弹窗广告曾出现了一个男装的广告语,"女朋友不让穿,怕我太帅了"。笔者莞尔一笑,点击进入其天猫网站,衣服的款型设计确实不错,价格也合适,就下单买了两件试试。

# 出位

#### 如何用互联网思维破除瓶颈

可是这个男装品牌的名字取得太失败了，过了几天笔者和朋友聊起这个广告语时，竟然忘记了这个品牌的名字，因为太长太涩口。大家可以尝试地记忆几遍，看能不能记住，"韦恩泽维尔"。

自从互联网电商崛起后，大家在推广、物流、产品设计上挖空心思，从骆驼户外的"很贵但很好"到一号店的"不二之选"，再到刚才说起的"女朋友不让穿，怕我太帅了"等广告语。从推广的角度上看都是非常接地气，颠覆了传统广告传播的形式，但在品牌最重要的基石——命名这一环节上，大家好像还是很随意。

检验你品牌是否能过目不忘的手段其实很简单，将品牌混在一大堆名字中间，让你的朋友同事投票选择一个，大家挑中的几率越高，说明这个名字越能让人记住。

把好这几关，亲，就可以放心去注册了。

# 第七章

# 用新品类开辟新增长点

在确定好要做一个品牌之后,首先要在产品上下足功夫,多洞察客户的消费与需求,形成品牌真正的核心竞争力。即使产品可以复制,价格可以更低,营销方式可以雷同,但对手永远也追赶不上你不断创新的脚步。

一流的品牌创造需求，二流的品牌满足需求

# 第七章

## 用新品类开辟新增长点

## 还是从一个案例开始

2008年下半年的时候,深圳一家做开关插座的外贸公司找到我们,这家公司拥有自己上万平米的工厂,有完整的生产线,几百号的工人。以前主要承接OEM的外贸单做出口,日子过得有滋有味。

2008年,全球经济持续走下坡路,外贸出口疲软,工厂连续几个月接不到订单,濒临倒闭的边缘。老板想转型做内销,做品牌,让我们帮他出出主意。

我们经过一番调查发现,其实很多外资品牌的产品都是在他们工厂生产加工的,老板对自己产品的质量非常放心。在品牌力不够的情况下,我们先系统分析解剖了他们的产品,洞察消费者的需求,看如何在产品上有所突破,毕竟工厂的核心优势是生产。

经过前期详细的市场调查走访以及消费者访谈,我们发现了一个细分市场,就是专门针对儿童需求的开关插座。既然有童装、儿童食品、儿童家具,为什么不能有儿童开关插座呢,为什么开关插座非得是黑白两色,为什么插座非得是方方正正的呢?

切入这个细分市场,接下来我们就很好规划产品线了。儿童对于插座不外乎二大需求:安全与外观。在安全上让父母放心,在外形上讨儿童欢心。

首先在外观上我们设计了很多卡通造型的插座形状,颜色红黄蓝绿相间。考虑到儿童的好动性,避免儿童将手指伸进插孔里,为了让妈妈放心,我们在插座的产品上设计了安全装置,插座口是常闭的,当需要使用时,将插头插到插孔里,还需要向右扭动一下,插座才会通电。插头抽出时也是同样道理,向左旋转一下,插座才能被拔出。插孔常闭合,这样就保证了儿童的安全。

凭借这个独特的市场细分,拯救了一个濒临倒闭的外贸企业,产品出来后,外贸订单纷至沓来,工厂又恢复了往日的繁忙。

## 不要考虑你有什么,而是考虑用户需要什么

得屌丝者得天下,史玉柱就调侃自己是个真屌丝,并且还注册了屌丝商标。马云也做了个菜鸟网络做物流,寓意自己在物流行业是后起之鸟。

无论是传统行业的大佬们进入电商,还是几个志同道合的小伙伴们白手起家,大家的起点都是一样的。抛弃传统行业的制造和营销思维,互联网是个可以令屌丝成功逆袭的平台。

在确定了你要做的产品和品类之后,你要潜心研究你的消费者,他们有些什么样的需求,个人?家庭?社会?情感?安全?炫耀?祝福?

前面笔者所讲的那个儿童开关插座的产品,就是一个很好的例子,笔者再讲一个亲身经历的案例。那是笔者刚进入广告业不久,还是固定电话大行其道的年代。

当时的办公室是高档甲级写字楼,一排一排的卡座,每人桌面都有台固定

## 第七章

### 用新品类开辟新增长点

电话。公司可能是为了节省成本统一形象,采购的全是 TCL 品牌一种型号的电话机,大家使用过 TCL 电话机的可能都清楚,这种电话机就内置了一种铃声,千篇一律都是那种叮零零的声音。

有时候我们不在座位上,电话铃声响起时,因为都是统一的铃声,分辨不清是谁卡座的电话,大家都感觉很不方便。

恰好当时公司代理了 TCL 电话机的品牌整合业务,笔者在完成一项策划案后,把这个铃声单一的情况附在了 PPT 后面,并提出了改进意见,建议在电话机里多安装几种铃声供顾客自己调试选择。

TCL 的客户相当重视这个建议,马上作了消费者访谈及市场调查,证明这种情况是普通存在的。三个月后我们收到了新的电话机,电话机里内置了十多种炫彩铃声。我们把产品的这个独特功能卖点放大,作为终端销售的重要口号,取得了很好的市场效果。

在给企业作策划和营销咨询的过程中,我们为客户提出过很多类似这样的产品功能小改进。浙江永康一家做厨具的五金企业,我们建议他们在烧水壶上加装一个温度控制装置,只要水烧开达到 100℃,水壶就会叫起来,用户就不会忘记关煤气了,方便又实用。

当过妈妈的人都知道,给宝宝冲奶粉一般 40℃ 的水温是最适宜的,温度高了不仅会烫到宝宝,也会损失奶粉的营养,温度低了又冲不开奶粉。但如何掌握这个 40℃,着实令妈妈们苦恼,总不能拿支温度计不断地测温吧。其实解决方案很简单,在奶瓶上加支温度计,省时省力又省心。这个点子我们在 2008 年的时候给了广东的一家婴幼儿制品公司,企业将这个产品开发出来后,申请了专利,当年就大卖。

讲了这么多,其实就想讲明一个道理,磨刀不误砍柴工,在确定好要做一个品牌之后,首先要在产品上下足功夫,多洞察客户的消费与需求,形成品牌真正的核心竞争力。即使产品可以复制,价格可以更低,营销方式可以雷同,但对手永远也追赶不上你不断创新的脚步。

> 抛弃产品至上的观念，拥抱消费者，一切从消费者的思维思考问题。不要考虑你有什么，而要多思考用户需要什么？

很多屌丝常常会想不通，自己心目中的女神怎么会委身谁谁谁那个屌丝的怀抱？那小子其貌不扬，要才没才，要钱没钱，要貌没貌，女神偏偏喜欢他。只能说你根本不了解女神的心思，你给予她的，都是她不想要的。知己知彼，百战不殆，这话肯定是有道理的。

## 产品即品类，品类即品牌

一个流行催热一个产业，这个规律在很多行业已经实践过了。双十一催生了网购的繁荣发展；剩男剩女单身潮创造了世纪佳缘、珍爱网等一大批交友网站前赴后继登陆纳斯达克上市。

我们在看一个流行或者事件时，不要抱着看热闹的态度，要用洞察商机的眼光看流行。

笔者上初中的时候，有一次放学路上狂风暴雨，同学们都走在泥泞乡间公路上，因为要遮挡前面的风雨，我们把伞檐压得很低，结果看不清前面的路，一下失足滚下公路，摔得头青鼻肿，满身泥泞。因为伞布都是用不透明的布做成的，伞檐压低后，会遮挡住眼睛的视线。

为什么不把伞布设计成透明的，或者有几格布是透明的，这样走在风雨中就不会摔跟头了。笔者把这个小小的创意申请了专利，后来卖给了广东的一家雨伞厂，听说销量不错。

# 第七章

## 用新品类开辟新增长点

很多流行事件或全民话题中，因为大家都在关注，有关注就有需求，如果我们开发出能满足大家吐槽点的新产品，一定会击中用户痛点。

什么叫洞察客户需求？家庭主妇端着两只菜盘，就没法再打开冰箱门了，如果你开发出一种智能冰箱，只要喊一声："开门"，冰箱门就自动打开，这就是满足需求。

## 一流品牌创造需求，二流品牌满足需求

这是一个最好的时代，这是一个最坏的时代。

互联网给了我们品牌营销人无穷的想象空间，互联网也给我们营销带来了无穷焦虑的烦恼。

还是从一个经典的商业故事开始。

有四个营销员接受任务，到庙里找和尚推销梳子。

第一个营销员空手而回，说到了庙里，和尚没有头发不需要梳子，所以一把都没销掉。

第二个营销员回来了，销了十多把。他介绍经验说，我告诉和尚头皮要经常梳梳，不仅止痒，头不痒也要梳，可以活络血脉，有益健康，念经念累了，梳梳头，头脑清醒。这样就销掉一部分梳子。

第三个营销员回来了，销了百十把。他说，我到庙里去，跟老和尚讲，您看这些香客多虔诚啊，在那里烧香磕头，磕了几个头起来，头发就乱了，香灰也沾在他们头上，您在每个庙堂的前面放一些梳子，他们磕完头烧香可以梳梳头，会感到这个庙关心香客，下次还会再来。这一来就销掉了一部分梳子。

第四个营销员回来了，销了好几千把，而且还有订货。他说，我到庙里跟老

## 出位
#### 如何用互联网思维破除瓶颈

和尚说,庙里经常接受人家的捐赠,得有回报给人家,买梳子送给他们是最便宜的礼品,您在梳子上写上庙的名字,再写上三个字"积善梳"说可以保佑对方。这样可以作为礼品储备在那里,谁来了就送,保证庙里香火更旺,这一下就销掉好几千把。

这个例子告诉我们,市场是可以创造的。

同样的产品,同样的品牌,切入不同的诉求点,贴上不同的标签,会有意想不到的效果。

湖南,衡山脚下,有一座风景优美的旅游渡假酒店。但由于定位高端,老板又不想降价打折降低档次,所以即使靠近旅游景点附近,经营并不是很好,酒店的运营老总辗转找到我们,请出谋划策,想想办法。

去过衡山的小伙伴们都知道,相传衡山祈福求子的香火是很灵的,基于这个洞察认知,我们把来衡山求子心切的夫妻情侣当作主力消费群。

然后我们在衡山附近找了一些当地比较有影响力和比较八卦的乡村主妇,筛选整理出了一个流传已久的求子故事,相传一个广东来的求子旅游团,在酒店住了两晚,结果有超过80%的夫妻怀上了宝宝,然后又扯上些酒店风水宝地的佐证。

结果这些消息流传出去,一传十,十传百,当地的很多民众都知道了衡山脚下有家求子很灵的酒店。

很多远在长沙、广州的客人来到衡山拜过香火后,要求入住该酒店,结果酒店客房预订供应不求。来衡山烧香拜佛求子,入住某某酒店,成为求子夫妻旅游标配。

这就是一个创造需求的典型案例,都不远千里奔波来烧香求子了,哪还会在乎这一两千块房费,买个求子双保险,值。

创造需要的核心还是先洞察到用户需求,然后我们要做的就是引发诱导这种需求。

天猫的双十一促销,就是基于对屌丝宅女们当天孤独寂寞情感需要发泄的洞察,硬生生把一个普通的日子打造成了全民购物大狂欢。

精明的商家总是洞察到市场先机,笔者前几天在网上看到携程在三月推出

## 第七章

### 用新品类开辟新增长点

了受孕游套餐，阳春三月，春暖花开，正是每年受孕的最好季节，携程对用户的需求挖掘也做到了极致。

创造用户需求，可以用时空法，使用情景特征等多个角度来发挥。

饭后口嚼益达，必胜客下午茶，都是使用时空法贴魔力标签，创造市场需求的经典案例。

2012年，新一届政府领导人上台，大力反腐，抑制三公消费，高度白酒消费萎缩首当其冲。年底的时候，酒厂竟然倒闭了二分之一，只有退潮时，才会知道谁在裸泳。

但在2013年糖酒食品博览会上，一个叫江小白的白酒品牌大放异彩，招商摊位被经销商围挤得水泄不通，一届交易会，招商上千万。到底是什么魔力使得经销商对江小白趋之若鹜？

答案就是：开创新品类，创造用户需求。

在传统品牌营销人眼里，白酒品牌的文化，更多的是带有一些江湖义气的传统酒文化。国窖1573卖的是历史文化，酒鬼酒卖的是乡野文化，小糊涂仙卖的是儒家文化，白酒更多的是掺杂了历史、传统的因素在里面，适合在客户应酬，亲朋好友聚会时助兴。

江小白的营销团队利用互联网思维，开创白酒兑雪碧，在夜店饮用的职场社交文化，用漫画自嘲调侃，以屌丝自居的创意形式，将职场白领的无奈、彷徨、梦想解剖得淋漓尽致，迅速引起目标用户的情感共鸣。

# 出位

### 如何用互联网思维破除瓶颈

# 第七章

## 用新品类开辟新增长点

## 单牌单品模式

所谓单牌单品模式，就是一个品类的产品款式不要开发得太多，一款就够了，然后靠不断的迭代升级来给用户带来新鲜感。为什么要遵循单牌单品的产品开发模式？

给用户太多选择就是让用户没法选择。互联网上的商品多如牛毛，品牌的推广主要靠单品来传播，产品太多就没法集中资源进行流量推广。

互联网是搜索经济，打造战略单品、爆款，是为了提升在该品类的影响力，占据搜索入口，同是反向用销量来优化后端生产成本。

互联网的发展要求新品迭代更新的速度要快，产品品类越少，企业就可以集中精力对技术研发，供应链等进行快速反应和提升，永远奔跑在对手前面。

## 需求无处不在，需要用"心"洞察

超市的货品非得按区域齐整摆放吗？大包装的商品一定非得要和小包装的分开齐齐排排站吗？不一定！这都是产品导向的思维，以需求为导向的货架式摆放，不一定要遵守这些规律。

我们在给广东一家中型超市做咨询服务时，在数据整理时发现了一个很有趣的现象。会员在购物，往往隔三个月左右时间会将2000克的洗衣粉和五支140克左右的牙膏同时放入购物车，这是为什么？

# 出位

#### 如何用互联网思维破除瓶颈

通过调查发现，这是因为一个四口之家，在三个月左右的时间，恰好将一袋2000克的洗衣粉和五支140克左右的牙膏用完了。不止这些，还有很多有趣的发现。口香糖和安全套同时购买的比例非常高，消费者在购买小包装洗衣粉时同时也会购买一双丝袜，这些有趣的现象其实都可以通过调查和分析找到原因。

男性用户在和情人约会时，往往会在意口气是否清新。买小包装洗衣粉的大部分是附近租房住的年轻女性，购买洗衣粉时往往会想起上次洗衣服时好像丝袜坏了。这些现象的背后，其实告诉我们货品的摆放，可以以用户购买需求为中心。

我们建议洗衣粉和牙膏做成优惠套装促销，安全套和口香糖摆放一起售卖，不用优惠，因为这个时候的男士们根本不会在意价格。大包装的洗发水、洗衣液和婴儿用品放在一个货架上，因为购买它们的都是妈妈消费群。

一个月后销售数据出来了，营业额自然激增20%，没有促销，没有广告，凭空直增20%，在超市行业，已经非常了不起了。

我们的电商平台，其实对数据挖掘非常的敏感，更适合作这样的创新改变。

浏览大部分平台型电商网页，还是在借鉴传统超市的思维，首页分为女装区、男装区、化妆品、数码区、家电区等，为什么不改变呢？

为用户订制个性化的动态首页，我们完全可以通过数据监测到用户的浏览和消费轨迹。如果发现一个用户经常点击浏览女装、化妆品、零食、鞋帽，大数据系统可以分析出她是一位年轻的女性用户。如果这位用户再次登录网页时，将她感兴趣的女装、化妆品等类别全部靠前，而那些她不关心的家电，汽车用品放在网页最下面，这样的用户体验会不会更好？

不光是为用户订制个性化首页，还有很多的微创新可以做。我们现在浏览网页时，屏幕的下方往往有一个猜你喜欢。

如果用户浏览化妆品，猜你喜欢往往会推荐同类的化妆品，为什么不推荐服装鞋帽呢，用户已经购买了化妆品，她对化妆品的推送已经不感兴趣了，但

# 第七章
## 用新品类开辟新增长点

她也关心零食啊，服装鞋帽啊。这时候应该优先推送那些与她已经购买错开的品类，提前预知到用户的下一步需求，这才叫创造需求。

数据监测到用户上次购买卫生巾的时间，然后通过数据推测在其用完的前二周就开始推送卫生巾促销信息，用户的转化率是不是会更高些呢？

上面都是列举的微创新的小点子，关键还是我们的思维要改变，以用户个性化需求为中心，创造需求。

## 开创新品类，创造新市场

宝洁每隔一段时间将自己的产品旧瓶换新装，飘柔每到夏天的时候就推出薄荷装，让你感觉清凉般的舒爽；佳洁士牙膏一会放点美白洁齿因子，一会放点茶多酚香料，总是不断变着花样讨好消费者买单。

在产品的包装层面多花点心思研究用户需求，也能获得非常好的营销效果。

90年代初，宝洁公司的销售人员在跑市场时，了解到用户一个痛点需求。就是很多宾馆酒店并不提供洗发水牙膏等日常用品，即使提供，质量都非常差。

很多商务人员在出差时都自己从家里带洗发水，那时候宝洁的洗发水最小的都是200ml装，出差旅行带着很不方便。

销售人员将这个情况反馈到宝洁中国总部后，飘柔洗发水首次在2000年左右推出5ml装的袋装飘柔，一包的剂量刚好够洗一次头。出差旅游带着方便，定价在0.5元，也是消费者所能接受的心理价位。

在产品的包装上，为了便于终端卖场的展示和商旅人士携带，飘柔袋装洗发水做成了首尾相连的每十袋一条的长条包装，挂在商超货架上非常醒目。

这个基于市场洞察而发现的需求，袋装飘柔一经推出，就取得了巨大的市场效果。袋装飘柔洗发水不仅在商旅人群中大受欢迎，而且在学校、工地、医院等流动人口较多的渠道长期供不应求。

公司的一位女同事生了小宝宝，办公室的同事们都在相约个时间一起去看她和小宝宝。可是大家为在送什么礼物而苦恼，送一套衣服吧，婴儿衣服比较小，放在小袋里装着有点不好意思。送一箱纸尿布吧，盒子又太大，拿着不方便。那就送奶粉吧，又不知道她家宝宝喝什么品牌的奶粉，万一她家宝宝只喝美素佳儿的，我们却送的是美赞臣，那多不好意思。

相信大家也有类似的苦恼，这就是用户需求。我们的婴幼儿企业，能不能为满足用户送礼这个需求，设计开发一些合适的产品或包装组合呢？例如将衣服和玩具组合包装在一起，又大又好提又有面子。将奶瓶奶嘴和煮奶锅组合成礼品盒，大气又体面。

## 互联网思维产品开发的脑轻松模式

> 未来的产品开发，企业可能就是作为一个平台而存在，主导做好前期的产品规划、进度安排、供应商的选择和各项资源的整合协调。把技术、想法都外包给粉丝们，也就是将一切需要用脑的地方都利用用户或者粉丝的智慧来实现，我们将这种模式称之为脑轻松模式。

这又是互联网改变传统思维的另一项伟大之处，因为在传统营销时代这是难以实现的。粉丝们即使愿意参与贡献，但他们不可能经常聚在一起讨论。互联网搭建了让消费者们面对面交流的平台，让粉丝们随时随地在线交流成为现实。

# 第七章

## 用新品类开辟新增长点

这样做的好处不仅是让消费者贡献他们的智慧，实现他们内心的梦想。而且让他们成为我们的忠实粉丝，通过他们的影响力宣传我们的品牌形象，这是品牌所最看重的，所谓醉翁之意不在酒就是这个意思。

让消费者参与是互联网思维开发产品的思路之一，还有，针对特定区域进行产品开发，企业也可以作为其考虑的方向。

## 区域产品开发

在给客户做咨询服务时，我们走访了全国大部分省市地区，深感中国之地大物博。每个地区的气候、饮食、文化、情感、流行、价值观都存在着明显的差异。同样一件商品，在上海可能卖得非常好，但在北京说不定就滞销，在二三线城市卖疯了，在一线城市却无人理会。

全聚德烤鸭北京的门店门庭若市，有时候要排一个多小时的队才能轮到你。但全聚德却兵败广州，经营惨淡，不得不退出广东市场。这是因为广州的消费者崇尚清淡口味，不喜欢吃重口味的北京烤鸭，而且广州街头大塘烧鹅店遍地开花，大家更喜欢吃地道广式口味的烧鹅。

广州人对阳春白雪的全聚德烤鸭并不感冒，认为烤鸭本身就和烧鹅一样是属于市井大众消费的，越整的高端大气上档次，就越不接地气。

产品在地域区别上作点文章，可能更容易赢得消费者青睐。比如洗衣机，北京经常出现雾霾和沙尘暴，我们可以在功能上做些改进，对沙尘和雾霾更具有清洗作用。用户见到这些卖点，感觉是专门为我们北京地区而造，会觉得比标准化的产品更适合自己。

南方诸省靠海，卖洗衣液的，特供沿海地区专用洗衣液。因为沿海地区经常有海风，衣服上碱性含量高，容易腐蚀衣服，我们的洗衣液加入了独特的酸性微量元素，能中和海盐的碱性，让衣服不变色更耐穿。

如果我们拿这些地域化的订制产品概念来分别与不同地区的消费者沟通，

他们会认为品牌非常有诚意，而且是真正为我们订制的产品，很适合我们。

所谓的消费者洞察，不要停留在品牌人的嘴上，每个企业的营销人员和老板在介绍他们的品牌时，第一句话通常是："我们的产品……"，以后笔者希望我们的企业家在介绍他们品牌时，第一句话就是："我们的用户……"

消费者洞察，应该是要用脑子转起来，让腿动起来。

## 从个人定做到个性订制

订制带来的是消费者从我选择到我要求的消费转变。

笔者在广州家具博览会上和一个家居老总聊天，聊到家居行业的订制。老总说，没错啊，我们也在做订制，我们上门给客户量尺寸，给客户挑选合适的颜色。笔者告诉他，这不叫订制，这叫定做，虽然一字之差，但失之千里。

> 定做是为消费者定做产品方案，满足消费者的使用价值，这样的定做，对品牌没有多大价值，顶多是一项增值服务，也是一锤子的买卖。订制是为消费者量身打造一个梦，是一种消费态度，一种情感的订制。

你对你的消费者说，我给您定做全屋家居，家具用实木的，地板用艺术瓷砖，墙面由蓝色的乳胶漆，这叫定做。

如果你换一种说法，我给您全屋订制北欧风情的风格，主卧室是雅典式的浪漫清新，儿童房是天蓝梦幻般的海洋，让您每天都像生活在安徒生的童话故事里，这才叫订制。

# 第七章
## 用新品类开辟新增长点

订制还带来一个消费的趋势就是全套解决方案，用户订制家具，相应的壁纸、窗帘、地板就一整套风格给我搭配好吧。用户订制家电，空调、冰箱、抽油烟机，你也打包给我装好，免得我一家家找。所以品类的发展要随用户的需求为中心去延伸，格力专注做空调在传统时代是能生存的，但在个性订制时代，肯定是行不通了，必须要改变，做相关产业的品类延伸。

品牌要延伸什么样的品类，要看消费者在这一行业未来的订制化需求是怎么样的。

## 用户的"适"用价值细分

粗放式的营销时代，只要用心炒作一个大众共性需求的概念，然后再经过大量的广告投放，一般用户都会接受。因为用户从来都不知道自己需要什么，你能满足他，她会误以为那是她所需要的，结果买回去，其实并不合适。

互联网让信息的传播极为快速，信息也高度透明，消费者越来越理性，我只买合适我的。不适合我的，你说得天花乱坠，品牌再怎么高大上，我都不感兴趣。

以空调行业为例，我们在产品的命名上可以看出一些端倪。格力全能王、美的静音王、海尔有氧空调等等，这还是一种传统的产品思维，不是围绕消费者的差异化需求开发的产品，而是为自己产品的功能找一个说法。

这些产品，一定是技术部门将产品开发出来以后，再扔给营销部，你们去卖吧！然后营销部门苦思冥想，抓耳挠腮。想名字，找卖点。卖点，以后在营销字典里可以抠去了，要用用户需求来代替它。

消费者如果要找一款又省电又静音又健康的空调，那销售员怎么推销，难道买美的静音王、海尔有氧空调、格力全能王三台全挂在家里？这就是定位理

# 出位

## 如何用互联网思维破除瓶颈

论对中国式营销的毒害，定位本质上还是以产品为核心的品牌规划，而忽略消费者内心需求的短视行为，在互联网时代将会受到强烈冲击。

如果我们在开发空调产品时改变思维，以用户的使用价值为导向，分为儿童空调、卧室空调、书房空调等，会不会给我们另一种启发？

儿童空调面板设计成彩色的，不同的角度会有不同的颜色效果，面板上可以有卡通的图案，卡通是会动会笑的LED彩色灯，微笑陪伴着小朋友一夜入眠。在功能上可以加入静音，人性化的遥控手柄等更适合小朋友使用。

书房空调当然首先是要静音，避免打扰用户看书写作时的思维和灵感，面板的颜色可以深沉点，和书房的设计装修风格融为一体。而卧室空调可以配合用户房子的装修风格搭配多种颜色，出风口甚至带有橡木，夫妻入眠后连空气中都带着浪漫淡淡的清香。

这样的产品，用户第一眼感觉就是会把它们归属到使用价值心智中，他会认为，这样的空调是适合自己的。

这样的产品，就不会深陷每年一次价格大战的泥潭中，会笼络一大批忠诚度极高的粉丝追随我们的品牌。

很多产品都可以走这种开发思路，冰箱为什么不可以开发办公室专用的呢？为什么不可以开发专用的汽车迷你冰箱呢？

很多办公室的白领自己带饭带水果带蛋糕当中午饭，他们的主要需求功能点是大，要放得下白领们那么多的饭盒，至于保鲜啊，零度不结冰啊，解冻啊，并不是他们关注的重点。

我们开车的都知道，夏天多热啊，一瓶水放在车里一会就闷热了，并且饮用水长期放在车厢里会产生致癌物质，对身体健康影响非常大。

我们为什么不开发一款车载MINI冰箱呢，放在后备箱，里面可以放几瓶水和饮料，炎炎夏日，解渴又健康。汽车在城市家庭的普及率越来越高，市场肯定非常巨大。

# 第七章
## 用新品类开辟新增长点

> 所谓互联网思维开发产品的核心,就是让用户变懒,360、搜狗输入法、苹果的语音搜索、百度搜素就是让用户变得越来越依赖,越来越懒惰。

你用 iPad 看视频,不用再点击主屏的按钮,直接在屏幕上用手势左右或者上下调音量调节进度。你去天猫购物,点击了一款衣服,下面会有一大堆类似风格的款式"猜你喜欢"。让用户做选择题,而不是做问答题。

随着网购的兴起,有些商品用户买回来以后需要自己组装。所以在产品的结构设计上就真的要做到简单人性化,不然用户自己组装安装时又复杂又麻烦,会让他抓狂,估计下辈子也不会想买你家的产品了。要做到即使用户不看使用说明书也能懂。即使以后拆卸,也能一下找到相关规律迅速的再组装。

笔者有亲身感触,有时买了一件组装品,第一次安装的时候照着说明书能够迅速组装。后来拆卸下来,隔了很久再去组装,说明书也不见了,管子的长短粗细好像都差不多,不知道哪根配哪根,让人抓狂。

## 让用户更懒更依赖

> 这不是一句哗众取宠的话,把用户当傻瓜是强调极致的品牌体验。让用户在产品使用过程中不需要思考,品牌什么都帮您想到做好了,只有这样,用户信赖我们的信赖成本才是最低。

宜家产品的质量在家居行业中并不是最好的,但为什么众多女性还是对其趋之若鹜?就是因为它极致人性化的设计。就拿它的咖啡杯来说,杯子的底部

# 出位

#### 如何用互联网思维破除瓶颈

边缘设计了个小小的缺口,就是为了方便咖啡杯倒立时积水流下去。

网友们对宜家沙发折叠式的设计也是赞不绝口,展开是一张床,折叠又成了一张沙发,底部还装有滑轮,方便在房间客厅随意移动摆放,将沙发对空间的充分利用发挥到了极致。宜家将一切为用户着想的经营理念贯彻到品牌体验的所有环节,才成就了今天它家居行业头号霸主的地位。

在网络上成长起来的80、90后,已经习惯了这一切。这就倒逼品牌的产品开发,服务环节要设计得更人性化,更智能化。让用户更懒更依赖,才会让其心甘情愿买单。

## 定价不是成本+利润,而是消费群能接受什么样的价格

我们经常逛超市,大家可能会发现一个普遍现象,很多商品的定价都是在199.99元或者99.99元,离整数就差那么一点点,这个定价有很大学问。

99.99元,虽然只比100少那么0.01元,但给消费者的感觉是不到一百块。100.1元虽然只比99.99多0.11元,但消费者认为上了100,感觉比99.99要多很多,这是一个心理错觉。

2006年,宝洁在中国大陆开展了轰轰烈烈的渠道下沉运动,祭出价格的屠刀,以此来大举进攻四五线市场,阻击舒蕾、好迪等国产品牌在低端市场的蚕食。

宝洁亮出的第一把屠刀就是价格,首次将飘柔瓶装洗发水降到9.9元。9.9元,并不是宝洁拍脑袋想出来的,而是经过详细缜密的市场调查,是四五线城镇的消费者所能接受的一瓶洗发水的心里价格。为此飘柔特意推出了200ml装,这也是一个三口之家大概一个月的消费量。

消费者用9.9元就能买到一瓶以前可望而不可即的国际名牌洗发水,而且

# 第七章

## 用新品类开辟新增长点

量也不会比国产的少,当然会优先选择飘柔。结果可想而知,国产洗发水品牌节节败退,舒蕾、好迪等风光一时的品牌至今在货架上难觅踪迹。

很多传统的企业决策人在定价时往往采用成本＋利润的策略方式,这在商品求大于供的计划经济时代,可以行得通。但在竞争如此激烈的市场经济环境下,根本不可取。定价,不仅要考虑到网购人群的工资及收入消费支出比,还要考虑到该品类产品占消费者日常消费的频次比,以及对手的定价策略。

如果你是一个做服装的淘品牌,消费人群是普通白领女性,你就应该考虑你的女裙价格定价在120元左右,因为在这个品类上,竞争对手已经将消费者教育成熟,买一件夏装女裙的价格就是在120元。

但是如果你是家做台灯灯具的淘品牌,台灯在生活中的购买频次低,消费者不能从以往的购买经验中获得心理价位,而且用户也愿意为一次购买使用几年不换的耐用品多付点钱,你的定价就可以大胆点。

甚至可以教育消费者做心理暗示对比,宣传语可以这样写:"用一顿和损友们FB的价格来换取一束让心情息静独处的幽静灯光,是值得的。"

吃一顿饭200元与购买一个耐用品的台灯做比较,饭吃了就没了,台灯却可以用好几年,消费者认为是划算的。

在定价上,同样要运用到市场营销策略。分高中低来定价,高定价,是为了提升品牌形象,低端价格是为了抢占市场份额,扩大消费群体,真正为品牌带来利润的,是中端产品。这样定价,也是为了消费者在进行价格区间搜索时,能确保搜索得到我们的品牌。

> 跨界融合,合纵连横。
> 我们以开放的心态来拥抱互联网。

信赖成本理论和魔力标签的结合,为品类延伸指导了方向和提供了理论依据。各个行业遭受到互联网的巨大冲击后,纷纷以开放的心态来拥抱移动互联网。

# 出位
### 如何用互联网思维破除瓶颈

例如美的与阿里巴巴合作开发智能厨电，支付宝与天弘基金联手打造余额宝，爱奇艺联盟TCL进军智能电视等。行业的单打独斗在未来一定会被互联网颠覆，还不如主动早点改变自己。

但也有些固执的企业，如红星美凯龙，在受到互联网的巨大冲击后，不去改进商业模式，一味地抵制，如逆水行舟，终将前途艰难。

跨界融合一定是以产品能让企业形成闭环良性的生态产业链为前提的，一个做儿童家具的，跨界去做房地产，这对主业没有丝毫的帮助。但如果去跨界做动漫延伸，这就对了，因为动漫形象能为你的品牌加分，产品线与品牌彼此相互相成。

## 品牌延伸，要大胆跨界

品类的延伸玩跨界甚至越界，在传统营销人的眼里是一个很敏感的字眼。因为太多的定位或者营销大师在告诫我们，不要玩跨界，要聚焦，要集中资源做你所擅长的。

是的，告诫很重要，也许在那个时代，的确要聚焦，集中力量，专注，才能突破。

但我们要以动态的思维看品类延伸，传统的营销是以生产资源集中，以产品技术含量为壁垒的制造导向。谁掌握了技术，谁掌握的生产资源多，就能在市场竞争中打胜仗。

老一辈的营销人是否还记得当年长虹发起的彩电价格大战，长虹在祭出降价策略的前半年，就提前囤积了大量的显像管资源。和上游供应商谈好合同，长虹促销的时候，只能将显像管卖给长虹一家。

# 第七章

## 用新品类开辟新增长点

半年后，长虹祭出价格屠刀，一下将彩电价格直降30%，TCL、创维、熊猫等彩电企业措手不及，只好迅速跟进。结果无数的消费者疯了一样挤到商场抢购彩电，等其他彩电企业火急火燎去向供应商采购显像管时，对不起，我们的显像管全被长虹给包了，没货！长虹通过垄断上游显像管资源，在此次价格大战后一举奠定行业老大地位。

现在的商业经济不可能再出现这样的状况，你只要去深圳转一圈，你要造飞机大炮我都给你弄得出来。

回归到互联网的商业属性来看品类的延伸，不是每个产业都适用聚集，也不是每个产业都适合跨界，跨界更多的是考虑产业链的协同布局。

互联网让一切行业再没有了清晰的界限，各种联合与跨界，各种尝试与创新都成为越来越多企业家和创业者的选择。

成功的品类延伸可以丰富产品的种类，拓宽目标市场，为消费者提供更多的选择。这适用于制造业，同样也适用与文化出版行业。

2012年开始，中国出版业纸质图书的销量第一次出现了负增长。对于正在同时受到互联网数字化冲击下的传统出版业，这种技术革新背景下的趋势以及读者阅读习惯的改变成为严峻的考验，还有没有新的突围途经呢？

跨界实验作品《禅荷影思》在这种背景下诞生了，除了发行图书和电视片，组织主题策展与声光表演等，还以内容为媒，开发出了如杭州雅扇、文房四宝、紫砂壶、青瓷、雕刻、苏绣、剪纸等系列艺术品，极大扩宽了品牌延伸品的商业价值，以及经济效益。

《禅荷影思》得到了星云大师的支持，并于当年获得"年度最有影响力的图书奖"殊荣。

# 出位

如何用互联网思维破除瓶颈

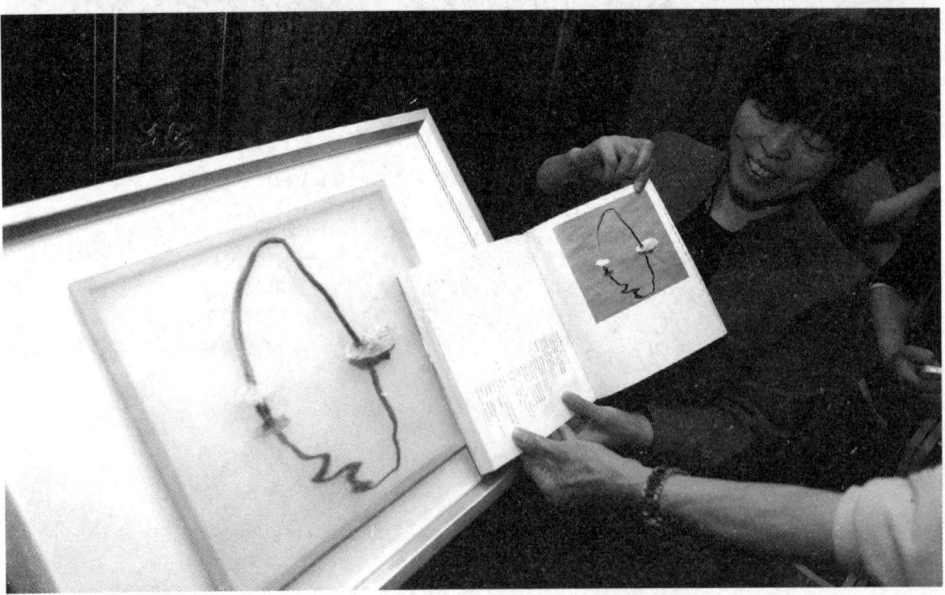

# 第七章

用新品类开辟新增长点

## 主动越界——因为干掉你的，往往不再是同行

广州的华南八大楼盘在初开发时处于番禺郊区，交通不方便，用户去看楼盘要转好几次车。于是华南八大盘就在天河城、海珠广场等城中心地带设立免费看楼车，一下子将用户拉到楼盘门口，这就是减低用户交通信赖成本的典型案例。

贴好魔力标签的情况下，品类怎么扩张呢？

以用户为中心，从用户的情感价值上去扩张。

如果你是做女装的，例如茵蔓，你的标签是慢生活、文艺风，OK，你可以去尝试做咖啡语茶连锁，或者在郊区投资一个慢生活的旅游景点。再大胆点，甚至可以开女性草本SPA连锁会所，或者投资旅游视频节目，都具有非常大的想象空间。

但不建议你去做个叫茵蔓的女性手机，肯定不会成功。因为手机在用户的心智中是个科技含量较高的产业，她会认为你茵蔓是做服装的，做服装的没有科技含量，会做不好手机。

而SPA、咖啡语茶、旅游视频节目等都是服务行业，没有技术门槛。可能有人会说，跨行跨得这么厉害，管理跟得上吗？这还是传统思维的想法，你可以通过收购、品牌授权的形式整合这些资源，然后扁平化管理。

这样产业之间相互为茵蔓的品牌体验加分，也符合每个企业做大做强的决心。这样的跨界，在客户的品牌体验中，需要付出的信赖成本为零。

# 出位

### 如何用互联网思维破除瓶颈

> 品牌所跨界的行业之间不能有很强的技术门槛存在，这样，用户不会认同你的魔力标签。

就像茅台品牌跨界做红酒、啤酒，就是一种非常不明智的做法。消费者认同茅台，就是认准你那个产地的水源气候适合酿造白酒。红酒大家都知道主要取决于原材料葡萄的质量，和你茅台镇半毛钱关系都没有，用户怎么可能会认同你？

> 跨界的本质是为品牌体验加分，当你的品牌准备跨品类发展时，先不要想是否能和你现在的生产供应链共享，而是能不能为品牌加分。

小米根本就没有自己的工厂，每年照样能卖3000万台。乐视、爱奇艺从来不知道电视机是怎么生产出来的，但他们每次的预售都能掀起一轮抢购狂潮。忘掉工厂吧，永远走在别人的前头才不会遇到对手。

品类到底该怎样延伸，传统营销时代，以产品为中心，更多的是从自己的生产产能、资源整合、渠道共享等几个方面去考虑。

娃哈哈采用的是与经销商联营，渠道忠诚度非常高，所以基于快消延伸出来的新品如营养快线、爽歪歪、格瓦斯等上市一个火一个。但是，娃哈哈童装、娃哈哈购物中心都在惨淡经营，娃哈哈是典型的渠道趋动产品，而不是用户体验趋动品牌，这条路会随着电商发展的成熟走到尽头。

很早以前，湖北沙市有个活力28的洗衣粉品牌，畅销神州大地，风光一时。后来企业不断发展膨胀，活力28品牌旗下竟然延伸出了20多个产品，横跨化妆品、食品、房地产、酒类等行业。最让人感到啼笑皆非的是，竟然弄出了个活力28纯净水，也不管消费者们喝活力28纯净水时有没有联想到洗衣粉的味道。

# 第七章

## 用新品类开辟新增长点

> 用传统的营销思维来经营互联网品牌，肯定不行。互联网让品牌与用户面对面交流，尊重用户的体验，触摸用户的心智，是决定品类延伸成功与否的关键。

广州上市企业霸王集团，以做中药润发的霸王洗发水起家。企业老板给霸王品牌贴的魔力标签是"中药世家"，这个标签挺好的，在市场上很有竞争力，对用户来说也非常有价值。可是企业在品类的延伸上犯了大错，霸王品牌旗下延伸出一个不伦不类的产品——霸王凉茶。先不说凉茶市场，加多宝与王老吉已经牢牢占据前二位，两个品牌疯狂的竞争，狂砸数以亿计的广告费，留给霸王凉茶的市场空间已经不多。而且根据二元法则，两虎相斗，第三名遭殃。

"中药世家"就非得往凉茶品类去延伸吗？用户在喝凉茶的时候，会不会觉得有洗发水的味道？

活力28与霸王凉茶，在品类延伸上，没有考虑到用户的信赖成本，从洗衣粉到纯净水，从洗发水到凉茶。用户如果要购买，付出的信赖成本太高了，无论砸多少广告费，这个成本都难以逾越。

现在市场上早已没有活力28，霸王凉茶也终于撑不住年年的亏损，被集团砍掉，断臂求生。在这里给霸王一个建议，在强化"中药世家"的魔力标签下，往药品、化妆品、中药保健用品上延伸，是有很大想象空间的。

相反，云南白药在"神秘止血"这个魔力标签下，往创可贴、牙膏品类方向延伸，就是非常聪明之举，从止血到止血，用户信赖成本降到最低，品类顺利延伸。

珠海的格力空调，近几年找到了自己的标签"核心科技"。在空调行业，格力已经到顶了，可以考虑往同样需要"核心科技"的家用空气清新器、汽车空气清新器、智能白家电等品类延伸。毕竟在空气污染日益加重的今天，这是一个关系到民众健康、国民安全的巨大市场。

很多企业的管理者由于对互联网的业务不是很了解，把产业生态链和品类混为一团。品类更多的是传统行业的一种说法，而产业生态链是移动互联网的一个术语。

例如，微信是一个社交工具，但微信整合了游戏、二维码、支付、邮箱、购物等应用，这些应用和微信形成一个闭环的体验产业链，这不只延伸了新品类，它们是彼此交互相通的关系。如果延伸一个叫微信品牌的家具，那这就是品类延伸了。

> 互联网企业品牌要想持续扩展用户，追求利润最大化，那就需要不断探索创新的商业模式，创造用户需求，打通价值化的全产业链。

影响品类延伸还有一个用户心智归类的认知问题。

用户对现有商品、服务、应用的认知，在心智里其实是有一个判断标准的。新西兰，是优质的奶源基地，来自新西兰的奶粉是值得信赖的。

品牌在延伸品类新品时，要让用户清楚这是属于什么类别，消费者内心会对品类有个价格或者功能的比较。

最后，影响心智的因素有很多，广告、名人推荐、用户评价、销量等等，需要我们的品牌传播措施来降低这些成本。

# 第八章

# 让您躺着就把钱给挣了

如果把商业竞争当作是一台话剧,我宁愿我们的品牌在台上扮演小丑角色,也不愿坐在台下看着对手们表演。多少明星沉寂几年后再复出,早已没有当年粉丝们疯狂围堵签名的盛况;多少昔日辉煌的品牌重见天日,摆在货架的最底层却无人问津。

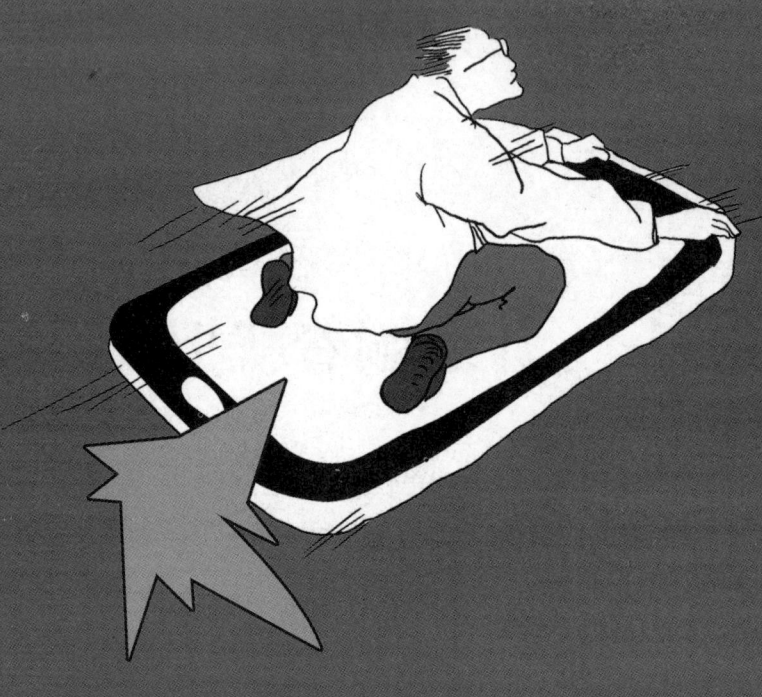

互联网思维,开启业绩倍增模式

# 第八章
## 让您躺着就把钱给挣了

# 去中心化管理
## ——每个完美团队背后，肯定有个不完美老板

著名经济学家 Jeremy Rifkin 在《第三次工业革命》中写道，建立在互联网基础上的第三次工业革命正在到来，它将使全球技术要素和市场要素的配置方式发生革命性的变化。

每次营销的变革都会带来一次全新的管理革命，第一次工业革命，又称产业革命，指资本主义工业化的早期历程，即资本主义生产完成了从工厂手工向机器大工业过渡的阶段。是以机器取代人力，以大规模工厂化生产，取代个体工厂手工生产的一场生产与科技革命。

第二次工业革命是指流水化生产线的出现，迅速提高了工厂效益和产能，企业正金字塔式的架构形成，管理分模块和部门化，管理的重点由管理人到管机器。

第三次工业革命指的是以互联网出现为主的信息革命，人类进入一个互通传播的世界，如果说前两次工业革命是以大幅提升生产效益为主要目的，那么

# 出位
## 如何用互联网思维破除瓶颈

第三次所带来的信息革命对营销的改变意义重大。

信息的快速流转，信息的无障碍传播，随时随地突发的危机事件，彻底击垮了传统企业层层汇报式的组织架构。老旧的企业架构已经不适应互联网信息发展流转的速度。

品牌管理部门的舆情监测员在晚上零点左右，突然发现一家门户网站，发了一条对品牌负面报道的新闻。检测员迅速和自己的领导联系，询问应对方案。品牌部总监马上又向公司主管公关宣传的副总汇报，这样汇报下来，几个小时过去了，各大网站已经纷纷转载了负面消息。微博大V，微信自媒体也参与了讨论，品牌的负面信息在互联网上大规模爆发，企业已经根本控制不住事态的发展了。

每个品牌都可能遇到上述这种情况，信息在互联网上传播的速度超出人类的任何想象，处理危机公关的时间不是由以前的小时为计量单位，而是以分钟为计量。互联网上出现品牌的负面报道，一般5分钟之内处理掉，是最佳公关处理时间，超过5分钟，信息就会被转载或放大在微博等自媒体上讨论，怎么办？

这不是企业品牌部单方面资源所能搞定的事情，涉及公关部、技术部、经销商等跨资源整合，这就倒逼企业的管理架构要随之调整，才能适应企业的发展。

## 去中心化管理

首先，企业的管理架构应该改变，传统的企业架构是长长的纵深结构，老板——副总裁——事业部老总——总监——经理——职员。最了解市场，长期浸泡在市场一线的职员，在整个管理链条中是最没发言权的。

信息在这个正金字塔架构内传播，有两个缺点，一是信息会失真，二是信息流传播太慢，要经过层层级级汇报。这与互联网信息传达快速的特点刚好背道而驰，所以说企业的管理架构要变。

以往的企业架构都是围绕老板在转，老板是整个企业和品牌的中心，现在要

## 第八章

### 让您躺着就把钱给挣了

去掉这个中心，让管理扁平化，没有管理的中心，一切以项目的运转和发展为中心。去中心化管理的核心就是放权，把处理危机和服务的权力下放给一线人员。

打个比方，上文所提的品牌舆情监测员，在晚上零点发现负面新闻后，不用再请示领导的意见。此刻，以他为中心，他就是整个项目的领导，他迅速调动各方资源，去向门户网站交涉，安排企业的官方微博澄清，技术和售后服务人员随时待命，连夜要求企业公关部人员邀请媒体，准备第二天的新闻发布会。

> 在企业管理的组织维度，一个企业会面临着两个挑战，一个挑战是组织能不能适应外部的变化，另一个挑战是组织能不能让内部的职员保持激情。
>
> 去中心化不是以领导为中心，而是以项目管理者为中心，这个中心是流动的。

在上个危机公关处理项目中，舆论监测员是整个项目的中心，而这次危机处理完毕后，他就不再是中心，继续在他的日常岗位上该干啥就干啥。

该品牌另外一个新产品开发项目，就是以研发部的技术人员为中心，公司安排各个部门的资源来配合研发部，这个舆论监测员可能会被研发部的人安排工作，他又变成了被领导者。

去中心化的管理架构就是让企业变小，让老板可以透明地看到各个小组的运转情况，一切以项目管理为核心。

## 品牌营销的顶层设计

> 要改变一种思维，不是等产品制造出来了而做营销，而是在产品开发阶段就要融入营销思维。

# 出位

#### 如何用互联网思维破除瓶颈

企业要启动一个新产品的研发，产品部门不应该闭门造车，而要引入营销、品牌、公关等相关部门，将营销概念植入到产品立项阶段。以营销思维引导新品开发，要围绕消费者需要什么样的产品，消费者需要什么样的功能，而不是我们企业可以开发出什么样的产品。

始终要坚持一个观点，产品是为营销服务的，而不是营销为产品服务。

小米所倡导的极致产品，只是雷军为树立小米品牌精神的一个说辞，笼络粉丝的一种手段，小米手机的质量还真不如华为，可结果呢，华为一直在追赶，小米从未被超越。

## 把互联网提升为用户管理平台的战略高度

> 要把互联网和电商当做是用户管理、体验、售后服务的平台，而不只是销售渠道。

在小米出现之前，没有哪一家传统企业想到手机还可以这样做，没有实体店，没有广告投放，一年竟然卖出 3000 万台。

小米的出现，彻底颠覆了传统的营销模式，以前一直赖以为重的渠道资源，在互联网面前是如此不堪一击。

要转型，要改变，先改变思维。不要把互联网和电商当做是传统广告和传统渠道的补充，要把互联网当成一个平台来经营。

什么样的平台？用户管理、用户体验、数据反馈、售后维护的平台。

互联网对营销管理变革影响最大的就是大数据的挖掘，让用户的思维和消费有迹可寻。

品牌利用电商平台，做的不仅仅是广告传播和销售的工作，还有用户体验、售后管理、反馈等数据挖掘。

# 第八章
## 让您躺着就把钱给挣了

# 干掉经销商
## ——转化为利益共同体

经销商绝对是让厂商既爱又恨的一群人,他们贪婪、唯利是图、不管不顾品牌形象、拒不执行厂商政策、克扣促销品;他们同时又为品牌成功打开当地市场立下汗马功劳。

互联网电商行业的发展,让他们受到生存的冲击,他们将来注定是要消失的一个群体。是变他们为品牌的对手,还是成为我们品牌的利益共同体?是已经摆在决策层面的问题。谁都不愿意经销商成为我们的敌人,这是一个可怕的群体,但怎么样才能让他们成为我们的利益共同体呢?

**品牌区域授权订制**

因为经销商是品牌面对用户的最末端触角,他们对市场敏感,了解用户需求。目前,传统标准化的产品分销模式,包括电商,已经对他们形成了强烈的利益冲击,他们不得不考虑自己的生存问题。

根据他们的需求,给他们订制适合本地区销售的产品,与电商平台的标准化产品区别开来,这是互联网时代利用经销商价值的唯一出路。他们也会乐于接受,因为他们即使能迅速地建立起一家工厂,但不能迅速地建立一个品牌。

与其被经销商抛弃,不如组成利益共同体,一起发展品牌,经销商每卖出一款产品,都是为我们品牌加分,何乐不为呢?

# 出位
### 如何用互联网思维破除瓶颈

## 砸掉仓库
## ——你不砸掉仓库，对手就要砸掉你

库存，是悬在每个企业头顶的达摩斯之剑。2012年伦敦奥运会短暂的兴奋期过后，各运动服装品牌又不得不重新回归现实：高企的库存和萎缩的订单，让此前大肆扩张的国产运动服装品牌不得不自吞苦果，亏损累累引发关店潮。

所谓的砸掉仓库其实就是要求产品的快速周转，这是每个企业梦想达到的境界。最理想完美的方式是品牌提前占领用户的钱包，先花钱，再服务。有没有这么完美的令人向往的理想商业境界呢？且看下一小节慢慢道来。

## 有没有一种牛B的方式，让用户先付钱，再消费？

有！

就在我们身边，你去中国移动营业厅，营业员会告诉你，你现在预存1000块，可以送500话费；你去美容院做个SPA，销售员会热情的怂恿你，办张会员卡啊，一年内有效，比一次次来消费实惠得多。

有些人可能会说，服务型企业和制造型企业没有可比性，服务可以多次消费，而我们生产型企业可做不到。

不一定。

只要你用心洞察用户需求，同样的产品，同样的团队，改变方式，可以卖

# 第八章
### 让您躺着就把钱给挣了

出不同的结果来。

我们服务一家自主汽车品牌时，做过一个客户双方都认为很有创意的天猫旗舰店的运作方案。建议为这款即将上市的针对年轻人的车型做一次创新的网络上市，里面有一个亮点就是限量。

限量销售其实并不新鲜，我们没有明星的由头可炒作，也没有特别可以提出来炒作的用户感兴趣的技术卖点

怎么办？

颜色限量，地区限量。

这款车型有7种靓丽色系，我们建议，在全国每个县城（区），限量7辆，每种颜色一辆，想想，每个区县的消费者开着独一无二的限量版颜色车在大街上开着多拉风，在朋友圈也倍有面子。

限量，限区域，本身就能引起给地域用户的强烈兴趣，形成话题炒作。

可是后来由于企业受到各种因素影响，放弃了这个方案，现在放在这本书里作为一个案例写出来，也是为了启发大家，营销是有很多种模式。

## 有一种成功叫预售

自从小米的预售模式获取巨大的商业成功后，很多企业一窝蜂都在学习小米好榜样，华为、海尔、乐视等新品上市都采用预售模式。

电影就是典型的预售模式，预售模式不是人人都能简单学得来的，小米预售成功是因为前期已经积累了巨大的粉丝量，这些粉丝为小米带来了潜在客户群。乐视在开售TV前，视频已经为其积累了上亿级用户，转化率即使只有千分之一，都能掀起预售的抢购热潮。如果你的品牌，没有前期铁杆粉丝的积累，没有像乐视网有巨大的用户池，你做预售，谁会来捧你场？

预售最后的火爆抢购场面，都是因为前期的品牌沉淀粉丝积累做得好，笔者不建议品牌力还不够强大的品牌做预售，这样会成为一个笑话。

# 出位

### 如何用互联网思维破除瓶颈

只有脚踏实地一步步做好品牌和沉淀，才能一炮打响。如果你非要做预售模式，那只能在价格上作点文章，但用户们是冲着低价去买你，而不是你的品牌，一次管用，不可能长期持续地形成像小米的每次火爆场面。

也不是所有的品牌都适合预售模式，消费者会等一款电子产品，但绝对不会有耐心等一件衬衫，除非这件衬衫是名人限量订制。

## 可以试试包月定邮

包月定邮就是将线下美容院、通讯、培训班一次性交钱，定期服务的模式，由生产型企业复制到了网上。

因为在以前，牙膏、袜子、内裤、蔬菜等日常消费品需要用户去超市购买。现在有了互联网，反正是定期需要，所以包月定邮模式出现了。

包月定邮就是根据用户每月、每周或者每天定期消费的生活品规律，定期邮寄或者送货上门。这种模式由于有了互联网，选货、配送、保鲜变得更轻松。

但是在中国，包月定邮模式好像并不是预想中的那么火爆，可能企业在货品的选购搭配、需求挖掘上做得还不够。建议做这种商业模式的品牌，应该在用户体验和需求挖掘上下大功夫，找准用户真正所需。

## 不妨来一场跨界限量

品牌与艺术本身就是相通的，H&M很少在媒体上投放广告，它在营销上用的模式非常独特，就是跨界。

这个章节我们来谈谈H&M与维多利亚的秘密内衣独特的营销模式。

我们经常会看到类似新闻，哪个城市的H&M开张，前一晚就有年轻的粉丝们通宵排队，堪比春运时在火车站排队买票，羡煞了同行其他品牌。那些年轻人可真不是托，笔者身边就有H&M的铁杆粉丝，就去疯狂地为此排过队。

为什么会出现这种情况，因为H&M每年会与一些时尚圈炙手可热的顶级明

# 第八章

## 让您躺着就把钱给挣了

星合作推出限量版的产品,这本身就是一次巨大的营销事件。

国内很多品牌也在走跨界这条路,位于广东南海的联邦家居,每年都会与艺术界、设计界的著名设计师联合推出跨界的家居产品,打造其东方艺术家居的品牌气质。

维多利亚的秘密内衣,每年打造一场由众多明星捧场的内衣秀,来发布新品上市。每年的内衣秀堪称时尚圈的春晚,引起全球无数媒体现场直播和热论,每个明星都以能站在维多利亚的秘密内衣秀的舞台上为荣。维多利亚的秘密和这些明星合作推出的订制限量版内衣,往往还没上市,就被预订一空。那可是一套动不动售价就几千甚至上万块的内衣啊,不得不赞叹其品牌魅力。

### 众筹——"大家快给我钱吧"

众筹,翻译自国外crowdfunding一词,即大众筹资或群众筹资,香港译做"群众集资",台湾译做"群众募资"。是指用团购+预购的形式,向网友募集项目资金的模式。众筹利用互联网和SNS传播的特性,让小企业、艺术家或个人对公众展示他们的创意,争取大家的关注和支持,进而获得所需要的资金援助。

现代众筹指通过互联网方式发布筹款项目并募集资金。相对于传统的融资方式,众筹更为开放,能否获得资金也不再是由项目的商业价值作为唯一标准。只要是网友喜欢的项目,都可以通过众筹方式获得项目启动的第一笔资金,为更多小本经营或创作的人提供了无限的可能。

众筹项目大多非常有活力而且有很强的创新性。众筹的本质就在于项目获得大家的认可,得到大家的支持,这样才能从支持者那里筹集到所需资金。众筹模式较多,如奖励制众筹、募捐制众筹、股权制众筹、借贷制众筹,每一类型下又有多种类型的产品。

众筹模式对项目的支持者而言,能够极大提高对闲置资金的有效利用;对项目的发起者而言,通过众筹可以解决他们对资金的需求。如何利用互联网技术和移动互联网技术将这些单个的闲置时间和资源聚集整合并高效运用以创造更多的价值，使众筹受到追捧。

但正是由于这诸多的经营内容，使得众筹领域尚无明确的界定和规范。走出一条扬长避短的、适合中国国情的众筹之路，还待时日。但可以肯定的是，这条路将会越走越宽，值得的合适的时机尝试，保持对用户需求的高关注度。

比如可以通过众筹平台实现或帮助别人实现某个心愿，比如一次奢华的旅行，一场美好幸福的婚礼，一部草根的电影，一本有意思的书等等。

## 小丑理论
## ——宁愿演小丑，也不要当观众

如果把商业竞争当作是一台话剧，宁愿我们的品牌在台上扮演小丑角色，也不愿坐在台下看着对手们表演。多少明星沉寂几年后再复出，早已没有当年粉丝们疯狂围堵签名的盛况；多少昔日辉煌的品牌重见天日，摆在货架的最底层却无人问津。

商业竞争就是这么残酷，花心的消费者们有太多的诱惑，没必要要对你忠诚，他们的背叛是没有成本的。从来不要奢望有人会永远爱你，他们爱的是你耀眼的光环，而不是你。

所以，品牌要不断在市场上发出自己的声音，才能在竞争的舞台上有自己的一足之地。

要始终坚持一个策略，新品发布会是做给媒体看的，通过媒体的报道放大效应，最终达到妇孺皆知。所以在很多环节要把媒体伺候好，现场的媒体记者爽了，才会帮你往好的方向去报道。

## 第八章
### 让您躺着就把钱给挣了

还有，现场除了邀请媒体，不能忽视公众人物自媒体的力量，要邀请一些行业领袖、在行业有影响力的自媒体人，看重的就是他们在社群影响力巨大，一呼百应，比你自卖自夸投放几百万广告费更有效果。

把新品发布当做一次真人秀节目来对待，真人秀就意味着真实，有看头，台下的观众们也看得津津有味，如果现场再请几个明星过来助助兴，那就更不得了。真人秀能最大限度地调动现场气氛，与台下观众互动性强，被邀请的嘉宾们与主持人同台互动，也很有面子，发到自己微博微信上，粉丝们一阵狂点赞，倍儿有成就感。

现场要有冲突，要有爆点。雷军不愧是个深黯互联网思维的人，在发布会上他带领他的小伙伴们集体摔手机，就是一个很好的冲突，所有的媒体都在狂报道这个爆点，雷军成功地将媒体的报道引向了产品本身。你看小米手机问题虽然多多，网上吐槽小米的也不计其数，可小米手机每次预售几十万台，还是几分钟内就一抢而空。

现场要有经典语录。这个需要提前做好功课，冯小刚导演在这方面是行家。他的每一部电影作品出来之后，一定会有几句经典的语录在网上流传开来，很多人都是冲这几句台词跑到电影院去看他的电影，验证一下大家为什么对几句话念念不忘，看它出现在哪些情节里。

例如李书福在沃尔沃的新品发布会上对沃尔沃车内空气的评价："打开门是北京，关上门是北欧"，产品卖点一目了然。

先看一则娱乐新闻：

某热播剧在北京拍摄餐厅戏份，女主角柳岩一连换上三套性感礼裙出镜，尽显高贵气质风范。紫色蕾丝透视裙神秘魅惑，斑马纹包身裙大气成熟，而一袭紫色深V短裙更是妩媚迷人，胸前的事业线在深V领口的映衬下更显丰满。柳岩或托腮若有所思，或轻抚秀发姿态迷离，或兀自玩弄手机随性自在，举手投足尽显女神风采。

# 出位

## 如何用互联网思维破除瓶颈

其实这不算是新闻。

网友们在网上调侃着说，柳岩的胸天天出现在娱乐头条不算是新闻，要是哪天不出现在头条，那才是新闻。的确，广告公司评估明星价值的一个重要标准是近三个月内该明星上娱乐头条的次数。一个明星要是很久没有上娱乐版面，那肯定已经被大众所遗忘，他的价值甚至可能低于不时上娱乐版面的凤姐之流。

有的明星为了博出位，抢头条，不惜以绯闻、红地毯摔跤、露隐私等低俗手段来引起媒体报道。长江后浪推前浪，其实商战也如此，如果一个品牌很久没出现在你的微博和朋友圈上，那它肯定要么已经倒下，要么正在倒下的路上。

互联网时代，我们宁愿在舞台上演一个逗人笑乐的小丑角色，也不要在台下当一名沉默的观众。跑龙套演小丑，我们还有成功逆袭的机会，一旦你走下舞台，再上舞台的几率就非常小了。中国商业历史上有太多这样的悲情事例。小护士、活力28、春兰等都是当年在各自行业里数一数二的大品牌，现在要是再想翻身，难，难于上青天。

笔者在给企业做咨询服务时，很多企业的老板也认同这个观点。但到底怎么样去做，砸广告吗？错，要是只砸广告就能成功。那就真的是"站在风口，猪都能飞起来"一样了。问题是世界上不会永远有风。

事实上，的确有猪飞起来了，但决大部分摔得很惨。

## 领导人法则

快书包的创始人徐智明，在做快书包之前是个做专业广告书店的儒雅文化人，由于传统书店在当当、亚马逊等网上书店的冲击下逐渐萎缩，不得不转行做快书包网上书店，承诺同城一小时送货上门。

经营的压力迫使原本低调的徐智明不得不在各种场合高调起来，频繁接受各种媒体的采访，积极主动参加各种行业营销峰会论坛。据徐智明介绍，他每参加一次论坛，快书包的订单就会呈直线上升趋势，就如前文所提到的，陈华

# 第八章

## 让您躺着就把钱给挣了

才上一回芒果台的"天天向上",唱吧的下载量一夜之间就冲到了 APP 免费榜前三。

企业的领导人直接代表该品牌,他的一言一行就是活广告,能快速促进品牌业绩飞速增长。如果说陈欧、刘强东所带领的聚美优品、京东,有一半的流量是由于他们个人形象所带来的,这个结论都毫不过分。

因为在互联网时代,领导人效应会直接转化为巨大的流量和业务增长,这已经不是传统营销时代了,用户对产品和业务的尝试几乎没有时空成本。

为什么你总感觉阿里巴巴、小米、雕爷牛腩、360 一直在刷你的屏,就是因为他们的领导人每隔一段时间就会弄出一两句牛逼的话出来,隔几天就有他们谈行业谈未来趋势的专题报道,不是你在关注他们,而是他们一直在关注你。

接受采访、出席论坛、语录、打口水仗,年会等基本是这些领导人为自己企业站台所使用的招数,不新鲜,但管用。

### 行业法则

格兰仕的价格屠刀,奥克斯空调发布行业白皮书都是营销史上的经典的案例,站在行业的角度颠覆市场,发出自己的声音,能迅速上位。鲁花花生油在国家出台花生油工艺标准之前,就主动制定行业标准,呼吁同行共同建立花生油营养及工艺准则。同益空气能开创了空气能这个行业品类,但它没有把这个品类据为己有,而是共享自己的技术专利,呼吁大家一起推动行业发展。

与其说这些品牌是为了间接树立自己行业老大地位的形象,但从互联网时代的营销角度来看,他们既站对了位,也站准了位,重新洗牌,引发行业大地震。

行业法则不是纯粹的公关话题炒作,而是引领行业创新。珠江钢琴为了做大文化创意产业,大肆收购文化传播公司,并率先发起钢琴行业微电影营销,尝鲜钢琴的高端私人订制,就引发了行业创新的大讨论。

多乐士发布每年色彩流行趋势,穗宝床垫发布中国睡眠白皮书,万科在城市配套服务商方面的探索，都是创新话题营销的一种很好手段。

### 创新法则

创新营销法则在以出位和创新而闻名的互联网行业尤为突出，很多网站本身就是一个行业的创新，例如支付宝、世纪佳缘、滴滴打车、唯品会等。这些是叫商业模式的创新，下面我们会有一个专门的章节来讲商业模式创新，这节主要谈的是营销模式上的创新。

先看一则招聘信息。

大象招聘情趣套套体验师

北京 /15.6-31.2万 / 经验不限 / 不限及以上

职位诱惑：年薪12W-20W/ 东莞考察充足体验经费

职位描述

一入象门深似海，节操从此是路人。

岗位职责：

1. 上草榴、赴东莞考察（风声小点再去～你懂的～），深入一线获取第一手的安全套资讯——深入了解各种品牌的套套的优劣、这就是你的"日"常工作。

2. 是爱情动作片中毒型爱好者（类型不限，欧美日韩均可）。

3. 每次深入体验后撰写或视频播报大象的体验，并能有感情、无尺度、有下限、无节操的整理体验报告。

4. 带团队亲身体验最新的大象产品，交流记录并分析大象的使用感觉。

5. 深度挖掘用户需求，一些潜在的产品体验需要酌情挖掘体现。

这不是在开玩笑，这是一则真的招聘信息。

你可以不相信，但媒体报道了，到底之后有几个人去面试，或者招到人没有，这并不重要，重要的是媒体都在报道这件事，就够了。就拿笔者来说，在此之前从来不知道有个大象安全套，直到有一天在媒体上看到他们招安全套体验师

# 第八章
## 让您躺着就把钱给挣了

的新闻……

这种事件本身就极具新闻点,再加上网友们的转发,大象没花一分钱广告,让全国人们都知道了它。

这就是创新性法则。当你在传统的营销方式里找不到好的方法时,不妨用用创新法则,把媒体会关注感兴趣的几个点梳理下,推出一个创新点来引爆市场。你可以在商业模式上创新,也可以在服务上创新,甚至在体验上创新都行。黄太吉还不就是美女老板娘开豪车送货火起来的,阿芙精油不就是在包装盒里送了些免费的礼物,海底捞不也就是遵循顾客是上帝的服务上有所创新?

创新无所不在,就看你怎么玩。

## 创新性商业模式
## ——你不革自己的命,市场就要革你的命

什么是创新性商业模式,不是传统意义上的产品营销模式,也不是传统的商业运行模式,而是市场一体化条件下,企业运行的机制,是企业组织方式、生产方式、管理方式以及营销方式的集成变革。一个创新的商业模式,首先要有鲜明的价值观,关键是产品或者服务到底能为顾客产生什么样的价值。

看看网上流传的一则创新商业模式的营销故事:

相信不少人都有过搭飞机的经验,我们知道通常下了飞机以后还要再搭乘另一种交通工具才能到达目的地。在四川成都机场有个很特别的景象,当你下了飞机以后,你会看到机场外停了百部休旅车,后面写着"免费接送"。

如果你想前往市区,平均要花150块人民币的车费去搭出租车,但是如果你选择搭那种黄色的休旅车,只要一台车坐满了,司机就会发车带乘客去市区

# 出位

### 如何用互联网思维破除瓶颈

的任何一个点，完全免费！居然有这样的好事？

其实这个惊喜都是来自四川航空公司的商业创新。

我们来了解一下故事的背景：

四川航空公司一次性从风行汽车订购 150 台风行菱智 MPV。四川航空公司此次采购风行菱智 MPV 主要是为了延伸服务空间，挑选高品质的商务车作为旅客航空服务班车来提高在陆地上航空服务的水平。为此，川航还制定了完整的选车流程。作为航空服务班车除了要具备可靠的品质和服务外，车型的外观、动力、内饰、节能环保、操控性和舒适性等方面都要能够达到服务航空客户的基本要求。

四川航空，这家航空公司，向风行汽车买了 150 辆休旅车，这么大一笔订单当然是为了要提供上述免费的接送服务用途。四川航空一方面提供的机票是五折优惠，一方面又给乘客提供免费接送服务，这一举措为为四川航空带来上亿利润。我们不禁要问：免费的车怎么也能给它创造这么高的利润？这就是商业模式的魔力。

原价一台 14.8 万元人民币的 MPV 休旅车，四川航空要求以 9 万元的价格集中一次性购买 150 台，提供给风行汽车的条件是，四川航空令司机于载客的途中提供乘客关于这台车子的详细介绍，简单地说，就是司机在车上帮风行汽车做广告，销售汽车。在乘客的乘坐体验中顺道带出车子的优点和车商的服务。每一部车可以载 7 名乘客，以每天 3 趟计算，150 辆车，每年带来的广告受众人数是：7X6X365X150，超过了 200 万的受众群体，并且宣传效果也非同一般。

司机哪里找？想象一下在四川有很多找不到工作的人，其中有部分很想要当出租车司机，据说从事这行要先缴一笔和轿车差不多费用的保证金，而且他们只有车子的使用权，不具有所有权。因此四川航空征召了这些人，以一台休旅车 17.8 万的价钱出售给这些准司机，告诉他们只要每载一个乘客，四川航空就会付给司机 25 块人民币！

## 第八章
### 让您躺着就把钱给挣了

　　四川航空立即进账了1320万人民币：(17.8万-9万)×150台车子=1320万。你或许会疑问：不对，司机为什么要用更贵的价钱买车？因为对司机而言，比起一般出租车要在路上到处晃呀晃地找客人，四川航空提供了一条客源稳定的路线！这样的诱因当然能吸引到司机来应征！这17.8万里包含了稳定的客户源、特许经营费用、管理费用。

　　接下来，四川航空推出了只要购买五折票价以上的机票，就送免费市区接送的活动！

　　如此一来，整个资源整合的商业模式已经形成了。

　　我们继续分析，对乘客而言，不仅省下了150元的车费，也省下了解决机场到市区之间的交通问题，划算！

　　对风行汽车而言，虽然以低价出售车子，不过该公司却多出了150名业务员帮他卖车子，以及省下了一笔广告预算，换得一个稳定的广告通路，划算！

　　对司机而言，与其把钱投资在自行开出租车营业上，不如成为四川航空的专线司机，获得稳定的收入来源，划算！

　　至于对四川航空而言呢，这150台印有"免费接送"字样的车子每天在市区到处跑来跑去，让这个优惠讯息传遍大街小巷。还不够，与车商签约在期限过了之后就可以开始酌收广告费（包含出租车体广告）。

　　最后，四川航空最大的获利，别忘了还有那1320万，当这个商业模式形成后，根据统计，四川航空平均每天多卖了1000张机票！回想一下，四川航空付出的成本只有多少？

　　到这里，各位一定发现了商业模式的惊人效益！

　　从四川航空的案例不难看出，商业模式就是打一个平台，让你在上面既能做好人，又能做好事。模式是要从一个点到一条线再到一个面，再编制一张网，最后形成天罗地网。

　　360的商业模式是免费，让用户装上免费的360杀毒软件，圈定巨大的用户量，然后靠卖广告和服务下载与商家分成。小米的商业模式是低价，用硬件低价获得一大批粉丝用户，靠后续的游戏、APP 来盈利。

我们发现了什么，他们的主业都是拿来圈用户的，赚钱主要靠后续的服务，主业不仅低价，甚至免费，还不断为你改进用户体验，生怕你不用，甚至贴钱让你使用，就像快的和滴滴的打车大战。

## 免费，不是让你占便宜，而是为了占你便宜

互联网的迅速崛起，就是就靠免费打开的局面。

以前我们看报纸杂志，要花几块钱来买，互联网看新闻不要钱；以前我们发短信、打电话运营商要收我们的钱，现在用 QQ 聊天打电话是免费的。

360 为你提供免费的杀毒服务，91 手机助手为你提供免费的下载服务，百度为你提供免费的搜索服务等等。

在消费者心目中，互联网就是一种免费的公共资源，这个意识已经形成了固定的思维。如果一项互联网服务还要收取用户费用，那等于是把用户往对手怀里推。

已经有很多传统制造型或服务型企业，运用免费的互联网思维努力转型。浙江的姚记扑克，在网上免费送扑克，不要钱，不过扑克上面印刷的有其他品牌的广告宣传。姚记扑克把它自身当成了一个媒体，努力从卖扑克到卖媒体广告资源转型。

创新的商业模式本质就是建立起一套全方位服务用户价值产业链，用产业链的平台来赚钱。

创新商业模式对传统商业模式的冲击，足可以用颠覆两个字来形容。

# 第八章

### 让您躺着就把钱给挣了

## 几种商业模式的比较

### 传统餐饮与大众点评网

传统餐饮企业主要靠打广告来推销自己，因为地域的关系，一般广告影响的都是餐饮周边区域的消费群。用户只能靠广告和朋友的评价，了解到餐饮的菜式口感消费高低服务好坏等，用户知晓的信息并不透明。

大众点评网的出现让用户对餐饮品牌的口碑、菜式、价钱等一目了然。消费者了解餐厅的信息再也不是雾里看花，只要翻看用户评价，再决定值不值得去消费。并且用户评价体系吸引的不只是周边区域的消费群，异地来旅游的驴友、吃货们可能不惜千辛万苦，只为来尝一尝它家备受用户一致好评的鸽子汤。

逼着品牌不断改进产品和升级服务，才能赢得用户点赞。而我们的营销也从用户的反馈中得到数据挖掘，组织一些领袖气质的吃货们定期来品尝我们的新菜式，参与我们的品牌建设，广告由传统的推销变成了由领袖粉丝们给我们品牌主动做传播。

### 巨人游戏与盛大游戏

在巨人游戏出现之前，打联网游戏都是需要付钱买点卡来玩，盛大游戏就是这个模式的代表，仅凭一款《传奇》打出了一家在纳斯达克上市的游戏公司，盛大的主要盈利模式就是点卡收费。

巨人出现了，史玉柱告诉游戏玩家们，打游戏不要钱，但如果你要升级，需要付钱来买装备，一下将游戏的门槛大大降低。大家一窝蜂都去打巨人的免费游戏，玩家的基数大了，只要有10%的用户付钱，都是一笔巨大的收入。结果，盛大没落了，巨人游戏站在了纳斯达克的舞台上，向全世界宣布新的商业模式打败传统的模式。

事实告诉我们，但你只要找到那群心甘情愿为你付钱的用户就够了。

# 出位

### 如何用互联网思维破除瓶颈

## YY女主播与酷6网

酷6网比YY语音创业要早好几年，可是酷6网所一直坚持的UGC（用户内容生成模式）却一直没有做大，原因是原创者没有动力，观看者也没有动力。酷6鼓励原创者上传视频，创作者却得不到任何的利益分成。受众也没有理由天天守着看你的视频，毕竟优酷、土豆有大量的版权电影电视剧，你的内容和其他网站并没有什么本质区别。所以双方都没有动力，形成恶性循环，只能造成用户的快速流失。

而YY女主播的商业模式，同样是UGC用户生成模式，它运用了粉丝追明星的思维，让双方都受益。具体措施是YY绝色美女主播每天准时在频道房间唱歌或跳舞，笼络一大群粉丝争先恐后为其送花。这个虚拟的花是要花钱买的，粉丝们相互竞争，女主播们也采用排行榜制，越排在前面的就越有面子。女主播收到的花由YY网站和其按照一定比例分成。

很多粉丝为自己喜欢的女主播一掷千金，最多的一次送花竟然花费了20万，不得不赞叹这些土豪们为博红颜一笑出手阔绰大方。这样一来，网站形成良性的商业循环，女主播不断创新改进表演方式来获取更多粉丝，而粉丝因为女主播的创新而越聚越多，网站、女播、粉丝形成良性的生态圈，大家共赢。

这给我们一个什么样的营销启示？让用户们之间相互竞争，这个营销模式可以用在游戏、服务、电商等领域。我们可以在京东上弄一个用户购买排行榜，每月或每周进行用户购买金额排名。不光让用户相互竞争，而且还在暗示鼓励其他用户，看看，人家一个月都在京东上网购10000多块，而我每月只花了2000块，我并不算过分吧，下个月的购物预算上调到3000块。

比劝诱更有效的方式是竞争。

人性本恶，人类本性以个体价值而存在，个人权责，个人财产，个人价值，都是体现的人类以自我为中心的本性，而个性价值的体现，以竞争的形式来维护。

国与国之间的竞争，企业与企业之间的竞争，个人与个人之间的竞争，争

# 第八章

## 让您躺着就把钱给挣了

权夺利，在别人的身上看到自己的价值。

微信推出第一款游戏，黑白打飞机，让它迅速火起来最重要的原因就是排行榜，激发了玩家们之间的竞争心理，如果只是一款单机游戏，打飞机肯定没这么火。

房地产的开盘抢房，小米手机的预售模式，都是运用了人性竞争的心理。已成为互联网消费人群主力的80、90后，大部分是独生子，家庭的资源从小就往他们身上倾斜，越得不到的东西他们就越要得到。笔者亲眼见到过一个80后女孩，和闺蜜抢男朋友，结果男孩子被她得到了，可她转身却就把男孩子抛弃，她并不喜欢这个男孩子，只是想在竞争中争一口气。

让用户间相互竞争，是创造需求，是用互联网思维做营销的很有效的模式。在北京CBD中心金融地带，黄太吉的订餐微信群接收信息声彼此起伏。最先是百度的行政中心，"我订200份套餐"，腾讯的看到了，"给我订300份"，百度马上改口，"给我订500份"，阿里的直接冒出来："先给我们来1000份"。这下百度和腾讯不干了，1500份，2000份……360冷不丁冒出来，"把你们店里的饼先给我全送来，我们全要了"。

……

竞技性质的营销，不仅能取到很好的销售效果，还能制造话题，引发品牌后续传播。一个男孩为女孩送花不是新闻，二个男孩为给女孩送花打起来了，这才是重磅娱乐新闻。

创新的商业模式虽然不是品牌管理的范畴，但也是我们营销人所必须要考虑到的，因为每个独特的商业模式有可能直接就是一个品类，占据这个品类，也就占领了用户心目中的魔力标签。

## 服务的价值在于增值，而不是解决问题

在和很多企业家朋友聊天或者做咨询方案讨论时，大家都会问到同一个问题，就是怎么样做好服务？怎么样做好服务，这是一个伪命题，在品牌全方位体验中，服务不是一个单独分开的板块，服务贯穿在整个品牌体验当中。

> 服务不是微笑，而是超出期待之外的承诺
> 服务不是补偿，而是意外惊喜

很多品牌以为微笑对待客户就是服务，还有很多企业家认为，满足用户合理或不合理的要求，也是一种服务。微笑只是服务的表象，用户在买到了假货，你再怎么微笑都解决不了问题。解决问题的核心点是你产品力不好，服务在为有缺陷的产品买单，这不是服务的本质。

服务的本质是增值，用户购买的是你的产品，如果在产品之外能得到额外的价值，用户才会惊喜，成为品牌的忠实粉丝。

### 地球人再也阻止不了海底捞

"这里的服务很变态。在这里等着有人给你擦皮鞋、修指甲，还提供水果拼盘和饮料，还能上网、打扑克、下象棋，全都免费啊！""这里跟别的餐厅不一样：吃火锅眼镜容易有雾气，他们给你绒布，头发长的女生，就给你橡皮筋，还是粉色的；手机放在桌上，吃火锅容易脏，还给你专门包手机的塑料套。""我第二次去，服务员就能叫出我的名字，第三次去就知道我喜欢吃什么。服务员看出我感冒了，竟然悄悄跑去给我买药，感觉像家里一样。"……

# 第八章

让您躺着就把钱给挣了

## 青岛海景花园酒店的故事

本故事摘自陈春华教授所著《经营的本质》：

青岛的海景花园酒店是我极其推崇的酒店，这家普通的五星级酒店，总是给客人不寻常的感受，总是能够让顾客在细微之处感受到被照顾和关怀，而这一切都是透过一线员工一点一滴的行动感动着顾客。这样两篇博文。

在海景香园楼多伦多厅宴请朋友吃饭，也算是家庭聚会吧。吃饭的时候，8岁的儿子要看他喜欢的卡酷动画，要求服务员帮他调出动画频道，我们搜了好多频道，都没有发现"卡酷动画"。后来知道，包间的电视不是有线的，所以就安慰儿子不能看他喜欢的《喜羊羊和灰太狼》，告诉他回家从电脑上补上落下的那一集。

当我们几个大人聊天聊得正高兴的时候，突然听到儿子"咯咯"地笑个不停，一看，原来他已经被动画片逗乐了，才知道服务员已经用随身带的对讲机，连线网络部门遥控调出频道。这让我们非常感动，服务员的这一做法，真正诠释了海景的文化理念之一"设法满足顾客需求，让顾客有一个惊喜。"

宴请完朋友，我电话咨询了解到晚上的美容美发营业到凌晨1：30。晚上9：40后，我来到了美容美发中心，想做一个美容。做完美容后，我问服务员回房间后，刚做完脸是不是可以洗澡？服务员笑着告诉我：我帮你洗洗头发，回去就可以不用洗脸和洗头发了。服务员的反应很快，她站在客人的角度上着想，立刻让我产生了好感。

洗完头发后，我感觉很开心，其实我就是来美容的，没想到服务员又帮我洗了头发，而且并没有增加费用，给客人的也是一种惊喜。美容完了回到房间已经是晚上11：40了，冲完澡想刷牙入睡，挤牙膏的时候，突然发现我自己带的牙膏旁边多了一个"伴"，是一支新牙膏，旁边有服务员的一张小留言条："看到您自带的牙膏不多了，为不耽误您用牙膏，特意送您一支高露洁，希望您能喜欢。"

## 出位

### 如何用互联网思维破除瓶颈

这样的小事，在海景也许平常不过，真的让你感觉到自己是上帝，被"呵护备至，关心备至"。"追寻顾客的需求，追求顾客的赞誉"是海景的成功要诀，每个员工都以被客人表扬或为客人创造感动为荣，这，就是海景的文化。这些小事，都在诠释着海景"以情服务，用心做事"的文化理念。

我记住了海景花园酒店里到处可见的表情：微笑。

住进酒店给我印象很深的有一位女服务员，尽管我不知道她的名字，但是我却记住了她的微笑，深深的一对酒窝，还有那深深的鞠躬，一个细微的动作让我记住了她。

她为我送水果，临走的时候她是和我面对面，笑着弯着腰退出房间的，我一抬头看到了她的这个动作，脑海里立刻想到了日本电影中的女人，温文尔雅，彬彬有礼。我不经意的一声咳嗽，出门以后再回来发现酒店里面已经有人送来"金嗓子喉宝"了，还有一张温馨的卡片，提示我吃润喉片。考虑到我的嗓子，他们还专门给我送来银耳汤，作为一个宾客真的有一种强烈的感觉：自己是他们的上帝。

为了寻找服务中的问题，我特意设置了一些障碍，在垃圾桶里扔了一双破损的丝袜，晚上回房间的时候发现房间里已经放着一包袜子。服务员让在他们准备的意见簿上签意见时，已经给客人准备好了可以选择的小礼物：有点心、香水、玩具，旁边还有几张精致的问候卡片和明天的天气预报，还有一盘精致的水果。

服务员是怎么知道我的袜子需要买呢？我想知道，于是特意打电话给服务员表示感谢，我问怎么知道我需要丝袜？服务员告诉我说她看到垃圾桶里有我扔的袜子，心想肯定我出门带的袜子不多，就送给我一包……类似的细节很多，怎么样，海景花园酒店的服务员心细吧？

尽管我在"私访"的过程中设计了很多的障碍，就看服务员服务的流程规范和服务态度如何，但是无论如何服务员的微笑始终没有离开过每一个人的脸。

# 第八章

## 让您躺着就把钱给挣了

洗衣服的时候我特意放了钱,把衣服的扣子摘掉一个,服务员都能检查出来;吃饭结账时特意丢下个小首饰,服务员发现后马上还给你。

第一天在一个餐厅吃饭,第二天仍旧在那个餐厅吃饭,很多服务员就记住了我,直接可以称呼我的姓氏。

在新海景,大堂的迎宾先生的笑容也让我难忘,仍旧是彬彬有礼,笑容可掬,每个人脸上都一种表情,那就是不变的微笑,即使你走过了,他们也会会心地朝你点头微笑。

尽管我没有丝毫暴露我的身份,但从一个宾客的角度来说,我仍然禁不住提笔写下了一篇文章"微笑的海景"……

海景精神是"以情服务,用心做事",注重以充满真情和细致入微的服务打动客人,进而打造品牌。海景人都懂得,没有给客人留下可以传颂的故事的服务就是零服务,努力实现"三个境界":让顾客满意——让顾客惊喜——让顾客感动。

"海景人"的行为习惯就是想方设法、竭尽全力去解决顾客的一切问题,看似没有问题也要发现问题,用实际行动超过顾客的心里预期,带给顾客惊喜,其实是一种对顾客体贴入微的习惯,这种习惯从意识延伸到行动。

图书在版编目（CIP）数据

出位：如何用互联网思维破除瓶颈 / 孙文武著.
— 北京：中央编译出版社，2015.3
ISBN 978-7-5117-2538-7

Ⅰ. ①出…
Ⅱ. ①孙…
Ⅲ. ①网络营销
Ⅳ. ①F713.36

中国版本图书馆CIP数据核字（2015）第022832号

出位：如何用互联网思维破除瓶颈

出 版 人：刘明清
出版统筹：董 巍
策划编辑：黄海明
责任编辑：岑 红
责任印制：尹 珺
出版发行：中央编译出版社
地　　址：北京西城区车公庄大街乙5号鸿儒大厦B座（100044）
电　　话：（010）52612345（总编室）　　（010）52612313（编辑室）
　　　　　（010）52612316（发行部）　　（010）52612317（网络销售）
　　　　　（010）52612346（馆配部）　　（010）55626985（读者服务部）
传　　真：（010）66515838
经　　销：全国新华书店
印　　刷：北京紫瑞利印刷有限公司
开　　本：710毫米×1000毫米　1/16
字　　数：210千字
印　　张：15.5　彩插6页
版　　次：2015年3月第1版第1次印刷
定　　价：48.00元

网　　址：www.cctphome.com　　邮　　箱：cctp@cctphome.com
新浪微博：@中央编译出版社　　微　　信：中央编译出版社（ID：cctphome）
淘宝店铺：中央编译出版社直销店（http：//shop108367160.taobao.com）（010）52612349

本社常年法律顾问：北京市吴栾赵阎律师事务所律师　闫军　梁勤
凡有印装质量问题，本社负责调换，电话：（010）55626985